ほぼ実話!!

「300億円赤字」だったマックを六本木のバーの店長がV字回復させた秘密

Bar夜光虫店長・
元 日本マクドナルド マーケティング本部長
足立 光
Hikaru Adachi

CONTENTS

4章 デジタルマーケティングの落とし穴に用心せよ！　117
～話題化には「有名人」も「新商品」も必要ない～

プロローグ

脳みそが筋肉の男

「こんなはずじゃなかった……」

隣の席の男が、いぶかしげにこちらを見ている。思わず心の声が口をついて出てしまったらしい。

どうやってごまかそうかと考えているうちに、タイミングよく電車がＪＲ十条駅に滑り込む。河北祐介はそそくさと電車を降りた。北口を出て商店街を歩いて行く。十条は、女子大や高校がある昔ながらの学生街だ。最近は池袋や新宿、渋谷などへアクセスが良いわりに家賃が安いことから、コワーキングスペースなども増えつつある。『この十条銀座商店街は、東京三大商店街のひとつといわれ、昔ながらの活気を保っている』と、テレビなどでは紹介されるが、実際にはシャッターを閉めている空き店舗もないわけではない。自分たちで昔ながらの商売を続けるより気楽だと、チェーン店に場所を貸して賃料を取る道を選ぶ者も増えている。

「よっ、祐介。今日、どう?」右手でクイッと杯をあおる真似をしながら、客でいっぱいの店先から声をかけてきたのは小田切ヒロだ。

この商店街の顔ともいえる総菜屋『小田切商店』の三代目。祐介とは保育園の頃からの幼馴染みであり、小中高とバッテリーを組んでいた仲だ。

祐介は小6ですでに180㎝の長身で、中学時代から少年野球チーム 十条ボーイズで142㎞を投げる速球派ピッチャーとして脚光を浴びていた。球速とともに注目を集めたのがその容姿だ。かつてのハンカチ王子を彷彿とさせる、上品なおぼっちゃま風イケメンの祐介には、熱心な追っかけもいたほどだ。

しかし、祐介には悪癖があった。頭に血が上りやすく、ピンチになると球が荒れまくり、ストライクが入らなくなるのだ。そんな祐介を救ってくれたのが、キャッチャーのヒロだった。体が大きく、無口だった祐介に話しかけるチームメイトは多くなかったが、ヒロは臆したりせずコミュニケーションを取ってきた。背が170cm足らずでみっちりと肉が詰まったずんぐり体型のヒロは、アンパンマンのような丸顔からはイメージできない、優れた野球脳の持ち主だった。「絶対打たねばと相手が気負っているときは、ボール気味の球でもなんでも勝手にバットを振ってくるから、ストライクを投げようと頑張ることはない」などと、単細胞の祐介に野球のイロハを教えてくれた。

ただし、2人とも勉強はからきしダメだった。祐介はともかく、野球脳は発達していたヒロも、教科書を見ただけで頭痛がするタイプだったのだ。中学では同じクラスの女子から、祐介は「脳みそが筋肉の残念イケメン」、ヒロは「ニコニコしてるだけが取り柄のアンパンマン」というありがたくない称号を与えられていた。

そこで、「高校は、強豪校への野球推薦を狙う」ことで2人の意見は一致。10年前に1度、甲子園に出場したことのある野球強豪校へノー勉で進学した。高3の夏は東東京大会の準々決勝で敗れ、甲子園出場はならなかったが、幸い首都大学リーグに属する大学から「バッテリーごと、うちの大学に来ないか」と誘いを受けた。だが、大学まで2人一緒、とはならなかった。

大学でもそのまま野球を続け、自動車メーカーの社会人野球選手となった祐介に対し、ヒロは「俺は体も大きくないし、野球はやり尽くしたから」と、高校を卒業するとすぐに家業を手伝い始めたのだ。

3年前に親父さんが亡くなり、ヒロが店主となった。以前から魚のすり身を揚げた1個10円のフィッシュボールが有名で、1日数千個売れることもあったという。しかし、ヒロによればそこまで売れたのは20年くらい前までのこと。昔はフィッシュボールをおやつ代わりにしていた子どもたちが少子化で激減しているのが大きな痛手になっているという。

「でもしかたないよね。今の子はお腹空いたらマックに行くでしょ。俺《おれ》らだって独身だし。いつ潰れるかわからない個人商店の跡継ぎに、嫁に来てくれる娘《こ》なんていないよ」

そんな自虐ネタがヒロの口癖だが、祐介は本気にしていない。ヒロは勉強こそできなかったが、話し上手だから顔のわりに女の子にモテる。女の子と付き合っても「なにを考えているかわからない」と言われ、すぐフラれてしまう祐介とは対照的だ。

しかも、野球仕込みの分析力で、「店以外にも売上の柱を作ろう」と宅配事業を起ち上げ、今では毎月100万円以上を売り上げるようになった。これは本人の口から聞いたわけではない。そういうことを自慢げに語るヤツではないのだ。ヒロが取材されたネットニュースの記事で知ったことだ。

『小田切商店』の店先には、〝ワンコイン弁当〟と書かれたのぼりがはためいている。ランチタイムには店頭で弁当も販売していて、行列ができるほどだ。客をさばきながら器用に話しかけてきたヒロに、祐介は両手でバッテンを作りながら、

「今度な！」

と叫びつつ足早に通り過ぎた。今日はいろいろ考えることが多いのだ。飲み

に行っている場合ではない。

ヒロの店から5分ほどさらに進むと、1軒のレストランが見えてくる。ヒロの店とは対照的に、人けがなく閑散としている。ここは、祐介の祖父が1947年に創業した老舗洋食店『キャロット』だ。二代目である父親は、はっきり口にしたことはないものの、「引退したら祐介に後を継いでほしい」と願っていることは明白だった。

祐介自身も、昔は野球の練習がないときによく厨房を手伝っていたし、料理も嫌いではない。ただ、大学野球部の監督から言われた「選手はプロに行きたがるけど、成功できるのはほんのひと握り。生涯年収で考えれば、引退後も上場企業に勤務し続けることができる社会人野球のほうが遥かに恵まれている」という言葉が頭に残っていた。これはつまり、不安定な自営業者より、サラリーマンでいたほうがいいということだ。

だが2週間前、あの〝事件〟が起きたことで状況は一変した。父親は事件のせいですっかり気落ちし、注意散漫になっていたらしい。家の階段から転げ落ち、足を骨折してしまった。そこで、若手の台頭でチームから引退勧告を受け、昨年30歳にして営業マンとして再出発していた祐介が、急遽、店を継ぐことになってしまったのだ。どうやら会社の皆も〝老舗洋食店の跡取り〟として祐介を見ていたらしく、誰からも「会社に残ってほしい」と引き留められることはなかった。

俺ってその程度の存在だったのか……。トップ営業マンになろうと張り切っていた祐介は、周りからはまったく期待されていなかったのかと思うと少し寂しくもあった。

そんな憂鬱な気分を振り払うように、祐介は勢いよく店のドアを開けた。

「祐ちゃ……三代目、お帰りなさい」

シェフの浜田マサルが迎えてくれる。

祐介が小学4年のとき、料理の専門学校を出たてのマサルが見習いとして店にやってきたのが20年前のことだ。ひとりっ子だった祐介の遊び相手として、ずっと「マサル兄ちゃん」「祐ちゃん」と呼び合う仲だったが、祐介が父親の後を継ぐと決めてからマサルは急に「三代目」と呼び始めた。本人曰く「けじめですから」と言うが、結局昔のクセが抜けず、「祐ちゃ……三代目」としょっちゅう言い直している。

一方、祐介はそんなことは意に介さず、マサル兄ちゃんと呼び続けている。誰がなんと言おうと兄ちゃんは兄ちゃんだからだ。

「マサル兄ちゃん、昔みたいに祐ちゃんって呼んでくださいよ」

「いえいえ、けじめですから。そんなことより、親父さんの様子はどうでした？」

「あと1週間もすればギプスが取れるそうです。『大したことないんだから、早く店に戻れ』って親父にどやしつけられましたよ」

「じゃあ、相変わらずってことですか」

「『店はどうだ？』って店のことばかり心配してました……」

4人掛けテーブル席が2卓、2人掛け席が6卓の店内に、客はひとりもいない。親父に心配するなと言ってやりたいが、今の状況ではとても無理だ。

「外、寒かったですよね？　コーヒーどうぞ」

アルバイトの女子大生・猪狩シノブが祐介にマグカップを手渡してくれる。暗くなりかけた雰囲気が、少しだけ持ち直した気がする。

「せっかくバイトに入ってくれても、これじゃ張り合いがないね」

「私はいいんです。うちの店のハンバーグ、ホント美味しいのに。でも、コレのせいで……」

シノブがスマホの画面を見つめてため息をつく。

まだ炎上が収まらないのか……。

祐介の動悸が速くなる。〝あの日〟からスマホは必要最低限しか見ていない。

そもそもの発端は人手不足だった。高校から大学にかけて7年間、マサルの下で働いていたアルバイトの子の就職が決まり、店を辞めることになった。代わりを探したもののなかなか見つからない。最近の若者はマニュアルのあるチェーン店で働きたがり、店主のキャラクターで働きやすさが左右される個人経営のお店は敬遠されるのだという。これもヒロから教えてもらった。だからヤツには頭が上がらない。かといって特に打つ手もなく、しかたなく数少ないバイト希望者の中から選んだのが23歳のKだった。高校を出てからずっと飲食店の厨房を転々としてきたらしい。

うちはヒロの店ほどではないにしても、下町の老舗洋食店として、たまにメディアに登場する程度の知名度はあった。ただ、テレビを観て訪れるような客は、週末に集中する。平日は、やっぱり近所の常連客が中心だ。となると、キッチンのスタッフについても、「新しい子が入ったの?」「これまではなにしてたの?」と世間話のネタにすることになる。Kにはこれが相当ウザかったらしく、Twitterにグチを書き込んでいたのだ。

グチだけならどうってことはなかったのだが、あるとき店の外から常連客の後ろ姿を写した写真と一緒に、「ウゼー客。ハンバーグ食べても髪は生えねーよ」

と書き込んでしまった。

その常連客は、商店街のふとん屋の店主で、だいぶ寂し気な頭髪の持ち主だった。根掘り葉掘りKの転職歴を尋ねたり、「これまで正社員に誘われたことないの？」「優秀なら誘われると思うんだけどなー」というような無神経な発言で、マサルやシノブを慌てさせていた。

投稿した写真には、運悪くランチメニューと店名が書かれたウェルカムボードが写り込んでいた。瞬く間にKのTwitterが炎上。店が特定され、野次馬が殺到した。店とは別に構えている住まいのほうにも早朝深夜を問わず、ひっきりなしにいたずら電話がかかり、父親も疲労困憊で階段から転げ落ちてしまったというわけだ。

グルメ系のクチコミサイトにも「バイトの分際で客をバカにするって何様？」「こんな店行きたくない」とこぞって書き込まれ、週末になっても店の前に行列ができることはなくなった。それでも平日の常連客がいてくれればまだマシだったのだが、これまた不運が重なり、ふとん屋の店主は商店街の会長だった。他の常連も会長の顔色をうかがい、店から足が遠のいてしまったのだ。

祐介の父親は人付き合いがいいほうではなく、商店街の中では孤立した存在で、味方をしてくれる者はいなかった。明るく人付き合いのよかった母親が生きていれば事情は違ったかも知れないが、祐介が社会人になった年に母親は交通事故であっけなく他界してしまっていた。

今までと変わらず足を運んでくれるのは、ヒロをはじめとする祐介の同級生たちくらいのものだ。


「……そういえば、ヒロくんが言ってた〝炎上対策してくれる会社〟ってどうなりました？」

「ああ、親父の入院騒ぎで忘れてたけど、明日、相談に行ってきます」

ヒロが、店の取材に来た記者に祐介の店の事情を話したところ、Ｗｅｂのリスクコンサルティング会社をいくつか教えてくれた。各社のホームページを見て最も価格が安いところに明日、アポイントを入れたのだ。

サンタ女子とCMOはバーにいる

翌日、祐介は六本木にあるWebリスクコンサルティング会社を訪ねた。六本木交差点から芋洗坂を下りたところにある雑居ビルの中に、その会社はあった。担当者は藤村という30代の男で、ツーブロックにカジュアルなジャケパンスタイル。いかにも〝IT企業勤務〟といった風貌だ。

彼が言うには、監視して削除を行う検索キーワードが1件当たり月額5万円からだという。ここまではホームページの記載通り。だが、うちの場合だと「キャロット　炎上」だけを監視しても鎮火には至らず、「キャロット　バイトテロ」「キャロット　バカ」「キャロット　不祥事」「キャロット　ハゲ」など、最低でも計5つのキーワードを監視対象にすべきだという。これだと、月額25万円。鎮火するまで半年とすると、計150万円の出費だ。計20席の『キャロット』は、客単価1000円のランチで2回転、客単価2000円前後のディナーで1回転がせいぜいだから、1日の売上8万円。月5日は定休日なので、8万円×25

日＝200万円。ということは、月の売上の4分の3が炎上対策で消えてしまうことになる。

開店休業状態はもう2週間以上になるし、店の口座に残っている運転資金も心もとない。3年前に銀行から資金を借り入れてリニューアル工事を行った際の返済もまだ続いている。飲食店のような現金商売は、店に客が入らないと、途端に行き詰まってしまうのだ。

「先日炎上した大手食品メーカーさんも、うちの顧客なんですよ。最近は、ネット炎上保険なんていう商品も手がけていまして、月9万8000円で監視サービスと事後対応を……」

「……すみません、いったん持ち帰って検討しますので」

藤村の話を途中でさえぎって、急ぎ足で会社を出る。個人経営の店で月10万円もの保険料を払えるわけがない。いったい、どうすればいいのか。藁《わら》にもすがる思いでここまで来たのに、解決法を見いだせないままマサル兄ちゃんやシノブの待つ店にはとても帰れない。

とにかく一杯飲んで落ち着こう。近くで飲める店はないか調べてみると、近くにバーがあるらしい。グーグルマップで住所を入力すると、すぐ斜め前のビルの3階に、その店『夜光虫』はあった。木製の扉は重厚で、とても一見客《いちげんきゃく》が気軽に入れる雰囲気ではない。が、この日の祐介はそんなことに構っていられなかった。とにかく、なにかしらアルコールを口にしたい。

不意に扉が開いた。目が合ったのは20歳そこそこの女の子だった。クリスマスでもないのにサンタ帽をかぶり、真っ赤なミニワンピース姿だ。栗色のロングヘアにくりっとした大きな目が可愛らしい。

「サイン会にいらした方ですか？」

「へ⁉ サイン会？」

「ハイハイ、大丈夫ですよ。おひとりさまでーす！」

戸惑う祐介を半ば強引に中に引っ張り込む。あれ？ ここはそういう店だったのか？ 普通のバーだと思ったんだけど……。店内は、間口が狭くて奥行きがあるいわゆるウナギの寝床型で、思ったよりこぢんまりしている。カラオケの大型モニターがあり、カウンター8席と、10人以上は座れそうな大きなソファ席が見える。

そのソファ席に、5、6人の客らしき男たちが座っていた。ひと目見て高級品とわかる仕立ての良いスーツをまとっている紳士もいれば、グレイヘアなのにTシャツ姿で妙に目つきが鋭い、得体の知れない人物もいる。テーブルの上には、数冊、同じ本が置かれている。どうやら、この本のサイン会が行われているらしい。

サンタ女子が「ヒカルさんのサインが欲しい方がいらっしゃいましたよ」と、目つきの鋭い男に声をかける。この男が本の著者「ヒカルさん」らしい。よりによって、一番ヤバそうなヤツが……。俺はとことん運の悪い男だ。

「す、すみません、自分はただ一杯飲みに来ただけで」

「あ、そうなの？　いらっしゃいませ。僕、このバーの店長です。お兄さん、お仕事は？」

ん？　意外にノリがいいぞ。

「下町にあるレストランを継いだばかりなんです」

「へー、二代目？」

「いえ三代目です」

「老舗だね！　お兄さんの仕事にはあんまり役立たないかも知れないけど、これもなにかのご縁だから、この本プレゼントするよ」

「いえいえ、そんなわけには……おいくらですか？」

勢いで思わず買うと言ってしまったが、いったいなんの本なのか。バーの店長さんが書いた本ということは……カクテルの作り方、とか？

そう思ってテーブルの上の本に目をやると、「奇跡のV字回復」「伝説のマーケター」「マクドナルド３００億円の大赤字」という表紙に書かれた文言が目に飛び込んでくる。

確か食品偽装疑惑や異物混入騒動で炎上し、業績不振だったマクドナルドが持ち直した、という話題は、さすがの祐介も耳にしたことがあった。「脳みそが筋肉の残念イケメン」とバカにされていた祐介も、社会人になってからは新聞やビジネス書くらいは読むようになっている。

「この本をお書きになったんですか？」

「そうそう、これ僕の本」

……やけにノリが軽いけど、ホントにこの人がマックをV字回復させたのかなぁ？「足立光」という名前だから、女の子に「ヒカルさん」と呼ばれてるんだ。それにしても、よく見るとこの人が着てるの、確か映画の『スーサイド・スクワッド』に出てきた、ツインテールの女の子のTシャツだよね？バイトのシノブがハロウィンでこの仮装したって、写メを見せてもらった気がする。

「失礼ですけど、足立さん、とお呼びさせて頂いていいんですよね？バーの店長さんをしながら、本当にマクドナルドをV字回復させたんですか？」

「そう、僕、マクドナルドのCMOだったんだよね」

「……すみません、CMOって……」

「チーフ・マーケティング・オフィサー。日本語では、上席執行役員マーケティング本部長。ざっくりいうと、CEO（社長）、COO（最高執行責任者）に次ぐナンバー3のポジションだよ」

「は⁉　そんな偉い人がバーをやってるんですか？」

「いやー、今は経営や運営は人にお任せしてるんだけど、みんなで気軽に集まれる店があると面白いじゃない？　うちの店、六本木にしてはリーズナブルなんだよ。3〜4千円でカラオケができて、一杯飲めるんだから。自分で経営ってものをやってみたかったしね」

瀕死のマクドナルドをV字回復させ、しかも自分のお店をやっている。これ以上の相談相手はいないのではないか。祐介は一筋の希望の光を見出したような気がした。

「失礼を承知でお聞きするんですが……マクドナルドって確かSNSで大炎上してましたよね？」

「まあ、そんなこともあったね」

「炎上をどうやって鎮火させたんですか？　実は、うちの店がいま大変なことになってまして……」

「ちょっと待ってよ」

そう言って、ヒカルさんと呼ばれた男はカウンターの中に消えて行く。やっぱりタダで相談にのってもらうのはムシがよかったか。そう思った祐介の目の前に、ボトルと大きめのビールグラスが差し出された。ボトルのラベルには「ＯＬＭＥＣＡ」とある。これは……祐介も社会人野球時代、先輩によく飲まされたテキーラだ。アルコール度数は確か40％だったはず。

これを飲めってことか？

「今日は楽しい夜になりそうだね♡」

「ヒカルさん」とサンタ女子に呼ばれていた男は、大好きなおもちゃを目にした子どものように、満面の笑みでこちらを見ている。祐介は、まず1杯目をあおった。このあと、うちの店を救うヒントを教えてもらえたとしても、覚えていられるかどうか……。

「いい飲みっぷりだね！　実は、お兄さんが聞きたがってることって、この本に書いてあるんだよ。読んでみて」

「そうかも知れないですけど、足立さん、この本、難しそうじゃないですか」

「いやーそんなことないよ！　わかりやすくまとめたんだから。読んでみればわかるって」

「でもですね、自分みたいな脳みそが筋肉でできてる人間には、正直ちょっと敷居が高いんですよ。だから、めちゃくちゃかみ砕いて教えてほしいんです」

「そうか、それも面白いかもね。じゃあ、さっそく始めようか？」

え⁉　もう始めるの？　祐介は薄れゆく意識と闘いながら、ひとつめの質問を絞り出した。

1章

空気を変えろ！

〜マーケティングってなんだ？〜

第1話
〝なんとなく〟食べたくなるのはなぜ？

「キャロットという老舗のハンバーグ屋をやっている」

「悪評をどうにかしたい」

「店に客を呼び戻したい」

「そして売上をアップさせたい」

河北祐介と名乗る目の前の青年の話を要約すると、つまりはそういうことらしい。

それって、まさに自分の日本マクドナルド時代と一緒じゃないか……。祐介という青年は野球をやっていたというが、体育会系にしては酒があまり強くないらしい。足立が並々とグラスに注いだ2杯目のテキーラを飲み干すと、とろんとした目で彼の店の窮状を訴え始めた。

「とにかく商店街中の人たちが『あの店には近寄るな!』みたいな空気なんですよ」

どうやら事件から2週間経つのに、ネットにまだ悪評がたくさん出ているらしい。足立も体験済みだが、ネット上の罵詈雑言は永久に残り続ける。だが、方法がないわけではない。


「そもそもハンバーグ自体に問題があったわけじゃないのに、『どうせいい加減な肉を使ってるに決まってる』みたいな書き込みもあって、本当に頭に来ますよ。うちは、目玉商品のハンバーグは採算度外視で高級和牛を使ってるんです! その分、原価率の低いサイドメニューやドリンクで補って、ようやく儲けが出てるんです。親父だって、10年くらい同じ車に乗り続けてて全然贅沢なんかしてません。それなのに、『バイトから搾取してるから、反乱を起こされたんだ』なんて言うヤツもいて……。商店街でもネットでも『経営者が悪い』っていう空気で、本当に腹が立ちます」

「うんうん、〝空気〟って大切だから。なんとなく、あの店ヤバいよねーって
いう空気が、客足を遠のかせるんだよね」

「ホントそうなんですよ……」

「空気＝ブランドだからさ」

「ん？　空気？　ブランド？　それってどういう意味ですか？」

すかさず祐介が反応する。

足立はあの頃のことを思い出していた。


足立が日本マクドナルドに入社したのは2015年10月のことだ。

当時、日本マクドナルドは大きな危機を迎えていた。2014年に期限切れ鶏肉使用問題がマスコミに大きく取り上げられたのだ。のちに、この問題の鶏肉を使用していたという事実はないことが判明するが、時すでに遅し。追い打ちをかけるように、2015年1月に異物混入騒動が持ち上がり、この月の

売上は前年比約4割近くダウンという事態に陥った。最盛期には全店売上高5400億円を誇っていたのが嘘のように、2015年には4000億円を割り込んでしまったのだ。

問題だったのは、〝Fun Place To Go〟「マクドナルドに行けばなにか楽しいことがある」という、ハッピーでポジティブな「ブランド資産」が大きく傷ついてしまったことだ。

ブランド資産とは、そのブランドに対してお客様が持っている知名度や信頼感といった無形の価値、つまり〝空気〟のことを指す。

企業や事業が展開する活動は、じつはこのブランド資産を「増やす活動」と「減らす活動」の2種類しかない。品質へのこだわりやサービスの向上、店舗のリニューアル、CMなどによるイメージアップを継続的に行うことが「資産を増やす」ことになる。一方で、資産を増やす活動を怠ったり、極端な値引きを続けたり、評判が炎上したりすると「資産を減らす」ことになってしまう。

ブランドは、資産を増やす活動を積み上げながら、強くなっていく。抜群の知名度を誇る日本マクドナルドも、ロゴマークやドナルドなどのキャラクター、「パラッパパッパー」というCMジングルなど、長年にわたり、一発で「マックだ！」とわかるような、ポジティブなブランド資産を積み上げてきた。

認知度が上がればお客に選ばれやすくなるし、新商品の認知獲得もしやすくなる。さらに、イメージがよくなれば、高価格をつけることも可能だ。ブランドをいったん確立すれば、継続的にビジネスを展開していける仕組みが出来上がるのである。

だが、マクドナルドのようなファーストフード店では、こうして積み上げられてきたブランド資産が、ネガティブな情報がもたらすネガティブな空気によって、簡単に目減りしてしまうこともめずらしくない。

そもそも同じ飲食店でも、日本マクドナルドのようなファーストフードと、銀座の高級フレンチとでは、まったくマーケティングのアプローチが異なる。

ファーストフードは、思いついたときにふらりと立ち寄る〝インパルス（衝動買い）〟寄りのビジネスだが、銀座のフレンチは「秋だからあそこのジビエ料理が食べたい」と予約してから食べに行く〝ディスティネーション（目的買い）〟の代表的存在だ。

そう伝えると、祐介は「なるほど」とうなずいた。

「じゃあ『キャロット』も、どちらかといえばマックのような〝インパルス〟寄りですね。何カ月も前から予約してくるような店ではないですからね。でも、〝インパルス〟だと〝空気〟が大きく関係してくるんですか？」

「うーん。じゃあ、祐介さんは今日のお昼、なに食べた？」

「立ち食いそば屋で天ぷらうどん、ですけど」

「どうしてその店にしたの？」

「なんとなくですよ。学生の頃から、安くてお腹いっぱいになって、なじみがあったんで」

「ほらほら、それが答えだよ。明確な目的意識なんかないでしょ？　今日のお昼どうしようかな？　と考えながら歩いていて、たまたま知ってるお店が目に入ったから衝動的に入ったわけで」

「そうかも……」

「そのとき『行ってもいいな』という選択肢の中に、いかにいいイメージで残っているかが大切なんだよ」

「でも、マックだったら、冬になれば『グラコロ食べたいな〜』みたいな目的買いもあるわけじゃないですか」

「もちろん、インパルスとディスティネーション、どちらの施策も飲食店には必要不可欠だけど、要はどちらに力を入れたほうが成功しやすいかということなんだよね」

マーケティングでいえば、新しい商品や、期間限定品、コラボ商品などは〝ディスティネーション〟、それらのキャンペーンも含めたポジティブな情報をさまざまなメディアで拡散してもらうのが〝インパルス〟にあたる。日本マクドナルドのようなインパルス寄りの飲食店は、明確な目的を持って来てくれる人を増やすことも大事だが、それ以上に「なんとなく、ふっと入りたくなる」確率を上げるために、ポジティブな情報でポジティブな空気を作っていくことが重要なのだ。

ということは、「あの店ってヤバそう……」というネガティブな情報が広がると、あっという間に選ばれなくなってしまうということを意味する。

「だって、あのときのマック、子どもを連れて行きたくなかったですもん」

声の主は、六本木のキャバクラ嬢、千奈《ちな》だ。普段は「夜光虫」の客だが、今日は足立の出版記念パーティーの手伝いに、サンタ姿で張り切って駆け付けてくれていた。容姿はもちろんだが、頭の回転が速くて会話が弾む千奈は、足立のお気に入りだ。足立くらいの年齢になると、若い子の本音を聞ける場は多くない。マックにどれくらいの頻度で行くのか、動画共有アプリＴｉｃＴｏｋ

をどう使っているかなど、データからでは見えないナマの声が聞けるのは貴重だ。だが、千奈に子どもがいたとは初耳だ……。

「私の子じゃないですよ、ヒカルさん。姉の子ですから。あの頃、姉が嘆いてましたもん。『マックに連れて行くと、姑に〝悪い嫁〟呼ばわりされるんだよね』って」

食の安全・安心が揺らいでしまったこともあり、確かにその時期、なんとなく子供をマクドナルドに連れて行くと悪い母親だと思われるような空気感があった。

「まさに今の『キャロット』と同じですよ……。うちみたいな個人商店はマックみたいに資金力がないから、打つ手も限られるし」

祐介は、なんのかんの言ってもやっぱり世界のマクドナルドなのだから、自分の店と違って、炎上対策にも特別な手段があると考えているらしい。

しかし、足立に言わせれば、規模や資金力が違っても「商売」の基本は同じ。

モノが売れ続ける仕組みを作ることができれば成功だし、できなければ失敗するだけのこと。大きな違いはないのだが、祐介は納得できないようだ。

「商売という点では同じなのか……。でも、うちみたいな個人商店と違って、マックには足立さんみたいにマーケティングの専門家がいて、いろんな戦略を立てているわけでしょ？」

「でも、マーケティングは別に魔法の杖じゃないから。実際、日本マクドナルドのマーケティング本部長は過去10年間で、僕が9人目だったんだよ」

「は⁉　なんかそれ、ヤバくないっすか？　でも自分、マーケティングって今いちよくわかってないんですよ。なんかカッコいいイメージだけはあるんですけど」


こういう声は、実はめずらしくない。そもそもマーケティングはアメリカからきた概念のため、明確な定義や和訳が存在しない。みんながそれぞれ自由に解釈し、自分が思うマーケティングでビジネスをしているいるのだ。

「そうだよねー。マーケティングって聞いて、祐介さんはどんな仕事が思い浮かぶ？」

「自分のいた自動車メーカーだと、広報宣伝部がマーケティングをやってる部署だと思うんですけど。商品を売るためのCMを作ったり、SNS戦略を考えたりっていう感じですかね？　でも、それだけだと会社をV字回復させるとかって無理ですよね？」

足立は祐介に、マーケティングの教科書に必ず出てくる〝4P〟について説明した。

マーケティングは、

Product（商品・生産）

Price（価格）

Promotion（プロモーション）

Place（流通）

という4つの要素から成っているとされる。4Pで考えると、販促活動などはあくまでもプロモーションの一部でしかない。だが、日本では販促部署をマーケティング部としている会社もあれば、消費者とのコミュニケーション＝マーケティングと考え、広報宣伝部のことをマーケティング部と称している会社もある。会社によってもマーケティングの定義がバラバラで、共通の認識はないのだ。

ただ、4Pがマーケティングの全体像を表しているかというと、これまた違うのではないかと足立は考えている。

「赤字でヒーヒー言ってる現場で、4Pなんて言われても困るよね。ヒット商品を作ればいいってことはわかってるけど、現実には社員や取引先の士気も下がってるからいいアイデアなんか出てこないし、売れないとついディスカウントに走りがちだから利益も削られる。利益が減れば宣伝費や流通での露出改善にお金をかけられない。広告代理店のトップクリエイターだって、元気のない会社の広告は手がけないでしょ」

「じゃあ、マーケティングっていったいなんなんでしょう?」


足立の考えはこうだ。「商売」、つまり「モノを売ることにまつわるすべて」がマーケティングなのだ。


そう説明すると、祐介は不思議そうな顔をしている。

「『マーケティングをやる人=マーケター』の仕事には3つあってね」

1つめは「扇動者」。お客さまや社内外の人の心を動かして、結果的に行動を変えてもらうよう導いていくこと。

2つめは「プロデューサー」。企画を成功させるのに必要な全方位に目配りし、人やお金の手配をし、仕事を進めていくこと。

3つめは「経営者」。うまくいった方法の仕組み化や組織作りを行い、成功が継続する仕組みを作っていくこと。いわゆる「ブランディング」も、この3つめを実現するための手段のひとつにすぎない。

一発花火を打ち上げただけで終わりでは意味がない。この3つが揃ってこそ、初めて「商売」がうまくいくのだ。

そう説明すると、祐介は意外そうな声をあげた。

「えー、じゃあ空気を変えるっていうのは、お客さんの心を変えることにつながるから〝①扇動者〟の仕事ですよね。それって結局は『マックは楽しい場所』っていうブランディングにつながるわけだから、〝③経営者〟の仕事でもあるっていうわけですか」

「そういうことになるかな」

「それに、マーケターってアイデアを出す、企画に強い人っていうイメージがあったけど、組織を動かしていくプロデューサーや、経営者的なところがないと結果が出せないんですね」

「新卒でP&Gに入ってマーケティングをやっていた頃から、ブランドマネージャーは経営者であれ、と叩き込まれていたからね」

「Ｐ＆Ｇってシャンプーとか紙おむつの？」

「うん。そこからコンサルやったり、ヘアケア製品の外資系企業で社長をやったり、アパレルの海外事業を黒字化させたりもしたな。その話は長くなるからまた今度ね」

「社長経験者なのに、マックのマーケティング本部長って⁉」

「自分が成長できて楽しければ、肩書きなんてなんでもよくない？」

「それはそうですけど……」

祐介の困惑が手に取るように伝わってくる。だが、『『キャロット』の炎上を鎮めて店の売上を回復する」という自分の使命を思い出したのか、気を取り直して再び質問を繰り出してくる。

「じゃあ、足立さんのやたらすごい経歴はさておき、あれだけ悪評に苦しんでいたマックの空気をどうして変えていけたんですか？　ＣＭをたくさん流した、とか？」

「売上が落ち込んでたんだから、そんな金銭的な余裕はなかったよ」

「え⁉　じゃあどうやって？」

「教えてもいいけど……」

足立はにっこり笑って、空になった祐介のショットグラスに、なみなみとテキーラを注いだ。

「そもそもの話なんだけど、ネットで悪評たてられたことだけが、本当に不振の原因だったの？」

祐介はテキーラでもうろうとする頭で考えてみた。

「売上はここ数年、大きな落ち込みではないですけど、確かに前年度割れしていましたね。まあこのご時世だからって思ってましたけど」

「マックもあの品質事件でピンチに陥ったと思われているけれど、じつはその前から低迷は始まってたんだよね」

「そうなんですか？　〝デフレの寵児〟とか言われて、絶好調だったんじゃないですか？」

〝デフレの寵児〟ともてはやされていた2010年にピークに達した売上は、じつはこの年を境に下降線をたどり始めていた。日本マクドナルドの低迷は、〝事件〟以前から始まっていたのだ。

「安売りってさ、ブランド資産を減らす活動の最たるものなんだよ。自分から商品の価値を下げて、しかも効果に持続性がない。つまり、商売を考えるなら基本的にやっちゃいけないんだ」

2010年当時の日本マクドナルドは100円バーガーを1つ買えばもう1つは無料、ドリンクも全サイズ100円、ポテト全サイズ150円等の、とんでもないディスカウントの全国キャンペーンを、年間10回以上も行っていたのだ。

売上が伸びていたのはこの安売りの効果によるものだった。ディスカウントは目先の利益は得られるが、客数が伸びるのは一時的だし、なにより利益が削られてしまう。店舗の約7割はフランチャイズのため、収益性が落ちたことでフランチャイズのオーナーたちは店舗への投資ができなくなり、店は古びて客足が遠のく。その結果、アルバイトのクルー（日本マクドナルドではアルバイトスタッフをこう呼ぶ）を減らさざるを得ず、サービスの低下を招くという負のスパイラルに陥っていた。

そこに〝事件〟が追い打ちをかけ、日本マクドナルドは未曽有の危機に陥ったのである。

これを聞いて、グラスに伸ばしかけていた祐介の手が止まった。

じつは最近、近所にチェーン店の定食屋がオープンし、780円のランチを出し始めてからランチ客が減ったため、『キャロット』ではこれまで980円だったハンバーグランチを780円に値下げしたばかりだと言う。それに、最近は健康志向だからと、豆腐ハンバーグをメニューに加えたのはいいが、注目されたのは最初だけ。今ではさっぱり売上に貢献することはなくなったと父親がぼやいていたというのだ。

「マックも、不振の時期、価格訴求と健康志向に走ってたの。野菜たっぷりのフレッシュマックとかアボカドバーガーとかね。でもこれって、自分の強みを捨てちゃってるよね」

「確かに、マックには野菜とかオーガニックとかを求めて行かないかも」

「そうでしょ？　完全にブランディング間違えてるよね」

「うちの店もかなり迷走してますね……。悪評さえ収まればいいと思ってたのに。もう八方ふさがりですよ」

「もう諦めるの？」

怒りの声を上げたのは千奈だ。

「あのね、そんな豆腐メンタルだと、キャバ嬢だったら3日も持たないですよ。苦境に陥ったときこそ、チャンスです！　まずなにをやったって、もうそれ以上悪くなることはないんですから、なんだってやってみたらいいじゃないですか！」

祐介はメンタルが弱いせいで野球でも苦労してきたらしい。このあたりで克服してておかなければ、お店のスタッフが路頭に迷うことになってしまうし、父親も悲しむだろう。

「確かにおっしゃる通りです。足立さんはマックでのその状況、どう打破したんでしょうか」

「教えてもいいけど、その前に」

足立は、まだ飲み切っていない祐介のショットグラスの横に、もうひとつショットグラスを並べ、テキーラを注ぎ始めた。

第2話
ラブ・オーバー・ヘイト

2015年11月、日本マクドナルドのマーケティング本部では、約半年先のキャンペーンについての話し合いが行われていた。

「この月は4つも新キャンペーンがあるのに、それを2つずつまとめていて、キャンペーン開始が月2回しかないのはなぜですか?」

足立がこう口にした瞬間、それまで手元の資料に目を落としていたマーケティング本部のメンバーたちが一斉に足立を見た。みんな「は? なにを言い出すんだ、このオジサンは」という表情だ。案の定、現場で5年ほど店長経験のある河野辺康雄が、遠慮がちに口を開いた。

「店舗のオペレーション上、それがベストかと。店舗の忙しさは足立さんも体験なさった通りなので……」

日本マクドナルドでは、入社したら必ず1カ月の店舗研修を行う決まりになっている。当時、46歳だった足立も例外ではなく、現場でポテトを揚げたり、カウンターで注文を取ったりしていた。現場を経験してみて驚いたのは、店頭オペレーションの煩雑さだ。時間帯によってメニューが変わり、クルーの顔触れも昼時は主婦、夕方からは学生に入れ替わる。その中でも多いのが海外からの留学生のクルーたちだ。

世界に広く知られているブランドだけに、「全然知らないお店よりはマクドナルドで働きたい」と思う留学生が多いのだ。ということは、日本語が十分にわからない彼らを使って、覚えることの多いキャンペーンを打つのは難しいたとえば「黒い服を着てきた人にポテトをサービス」なんていう指示も通じないだろう。そもそも昼時や夕方のピーク時には息をするのも忘れるほど忙しく、とても服の色などを見分ける余裕などない。足立もあまりの忙しさにテンパってしまい、高温のポテトの油でヤケドをしてしまったくらいだ。「かわいそう！」と千奈の同情を引くことができたので、まあ良しとしていたが、あの忙しさは相当なものだ。

だからこそ、それまで日本マクドナルドは、毎月3つから5つぐらいの新商品発売やキャンペーンを同時期に集中させていた。店舗のスタッフたちも、その日に向けて集中的に準備すればいいため、パラパラと新商品を出すよりも効率的だと考えられていたのだ。

だが、それは思い込みだったのではないか。現状のネガティブな空気を変えるには、ポジティブな情報を大量に発信することで、悪い噂を底に沈めていく「ラブ・オーバー・ヘイト」しかないと、足立は考えていた。これは別に足立オリジナルのものではなく、マーケティングやブランディングの基本手法のひとつだ。

ネガティブな情報は、消しても消しても増殖を続け、永遠にネットに残り続けていく。当時、日本マクドナルドでは失った信頼を取り戻そうと、ハンバーガーの包装紙にQRコードを載せて、そこにアクセスすると、主要原材料の原産国・最終加工国が記載されたウェブページに飛ぶ、という対策がとられていた。もちろん、対策としては間違っておらず、正しい。だが、この切羽詰まった状況を打破するほどのインパクトはなかった。

そのとき足立の考えたポジティブな情報を増やす方法のひとつが「毎週、新商品を出す」だった。

新商品を毎週出し、ニュースを発信する利点は3つある。

3つの新商品を一度に発売すれば、メディアに取り上げてもらえる商品はせいぜい1つか2つだ。残り1つの商品情報は、メディアを通してお客さまの目に留まる可能性は低い。だが、毎週新商品やキャンペーンを出せば、メディアにほとんどすべてのニュースを取り上げてもらえるようになる。これが1つめの利点だ。

さらに、日本マクドナルドは売上不振が続き、CMをふんだんに打つ予算もないのだから、広告よりPR（広報）に力を入れるべきだ。確かに店の現場は毎週始まる新しいキャンペーンへの対応を迫られるが、売り出す新商品やキャンペーンの数は同じなので、毎週の新商品発売が定着すれば十分に対応可能だ。しかもニュースを分けて出すだけなので、費用はタダ。これが2つめ。

3つめは、第三者であるメディアやお客さまのSNSで「美味しそう！」「美味しかった」と取り上げてもらったほうが、信頼性や説得力が高まるということ。品質事件の影響で、日本マクドナルド自身がいくらCMで「安全安心で美味しいです」と訴えても、「ホントのこと言ってるの？」と懐疑的な目で見られてしまうからだ。

PRの力を舐めてはいけない。足立はコンサル時代、プロジェクトマネージャーを務めるかたわら、コンサルティング会社の広報も担当していた。理由は「やってみたかったから」。給料は同じで忙しさは倍増したが、守秘義務があり、プロジェクト内容を明かせないコンサルティング会社のPRは果たして可能なのかに興味があったのだ。「この会社は、こういう領域に強い」という理想かつ現実的なイメージ目標を設定し、そのためにはどういう記事をどういうメディアに取り上げてもらうかを考えて実行していったところ、1年が経つ頃には「自動車関連のコンサルティングといえばローランド・ベルガーですね」と言われるまでになった。ほんの1年前までは、業界の専門家の中にしか存在しなかったイメージを、一般にも広げることに成功したのだ。

足立の中で「新商品を毎週発売する」という答えはすでに出ていた。

だが足立は、ミーティングの場でこうした考えや経験を声高に語ることはなかった。なにしろ過去10年間で9人目のマーケティング本部長なのだ。「今度の人は、いつまでいるの？」というのが現場の本音だろう。それに、人から言われて動くのと、自ら気づいて動くのとでは、仕事へのモチベーションがまったく違ってくる。そのため、部下自身に気づきを促すのが足立のやり方なのだ。

「ベストってことは、これまでキャンペーンの開始時期をいろいろ試したうえで出した答えなの？」

「いや、そこまではわかりませんが、これまでずっとこれでやってきましたので」

コンサル出身の小川啓蔵にも話を振ってみる。

「小川さんはどう思う？」

「絶対に無理というわけではないと思いますが」

「じゃあ、どうすれば可能になるんだろう」

「店頭のＰＯＰの切り替えを説明する店舗説明書を改善すれば、可能だとは思いますが」

足立と部下のやりとりは延々と続いていった。

スゴ腕マーケターの極意

その1

空気こそブランド

（無形の価値）

その2

「なんとなく、ふっと入りたくなる」
ポジティブな空気を作れ

その3

マーケターは
「扇動者」「プロデューサー」「経営者」
の3つの顔を持っている

その4

悪い噂を沈めるには
「ラブ・オーバー・ヘイト」

その5

良さは必ず第三者に伝えてもらう♡

2章

仮説を立てて検証せよ！

〜マックのライバルは回転寿司とオリエンタルランド、どっち？〜

第3話
仮説が先か、ヒアリングが先か

外資系企業とは無縁の人生を歩んできた祐介だが、外資系では上司の命令は絶対だと聞いたことがあった。それなのに、足立は部下に自分の考えを押し付けないという。

「もしかして、親父は炎上の原因になったKに対して、足立さんみたいなフラットなコミュニケーションができていなかったのかも知れません」

祐介は、昔気質の父親の顔を思い浮かべた。

「まあ、人は感情で動く生き物だから、敵は作らないに越したことはないよね。僕なんか若い頃生意気だったから、新入社員のくせに人に対して上から目線で話しちゃって、よく先輩に注意されてたし、痛い目にあったよ」

見知らぬ祐介のような人間と気軽に話してくれる陽気な足立にも、そんな時代があったのか！　祐介は少しだけホッとした。

「論理的に正しいことでも、うわーっ、こいつイヤなヤツって思っている人に言われたら、スルーするでしょ？　スルーできない相手だったら、仕方なくイヤイヤやりはするけど、言われたこと以上のことをやろう！　って気にはならないよね」

「確かに……」

「だったら、相手に『あなたのために頑張ります！』って120％の力を出してもらえるようにしたほうがいいわけ。結局、マーケティング＝経営って、ひとりじゃなーんにもできないからね」

マクドナルドでは社内の各部署や現場のクルーはもちろん、フランチャイズ店を運営するオーナーたち、バンズや飲料を提供してくれるサプライヤー、アイデアを出してCMなどを作ってくれる広告代理店がいなければ成り立たない。『キャロット』でもマサル兄ちゃんやシノブがいなければ、店が立ち行かないのと同じだ。

付き合いの長いマサル兄ちゃんやシノブは、祐介親子をどう思っているのか？　祐介は頭を抱えた。

「まずいです自分。いつも『どうしよう、どうしたらいい？』って甘えて頼ってばかりなんです。しかも、どうしたら店の窮状を救えるか、なんにも思いつかなくて。足立さんは、空気を変えなきゃダメだとか、野菜のバーガーはマックっぽくないとか、そういうアイデアや方針みたいなものってどこから来たんですか？」

「難しく考えすぎじゃない？　野球やってたんでしょ？　野球と同じように考えてみれば？　ピッチャーなら、この打者どうやって打ち取ろうかって〝仮説〟を立てて、いろいろ試していくんでしょ？」

「そうです。確かにデータを見たりキャッチャーと相談したりして『この打者は、内角が弱かったけど、最近は克服してきてるから、内角に偏った配球はやめよう』とか考えていきますね」

「商売もそれと同じだよ。それに、ハンバーグって自分でも食べるものでしょ？　祐介さん自身がお客さんになって、自分がもし『キャロット』の客だったら、どんなメニューが食べたいか、どうすればまた来たくなるかって考えればいいんじゃない？」

「やっぱり、豆腐ハンバーグより、デミグラスソースがかかった昔ながらのハンバーグが食べたいです……」

「ほら、その調子で考えてみれば？　僕もマックをはじめとするいろんな会社や事業の再建をやってきたけど、要は『信長の野望』みたいなシミュレーションゲームと同じなのさ。どうすれば勝てそうか考えて、実行してみて、そこから学んで、また考えて実行する、というような点で。ただ、ゲームと違って会社や事業には人の『感情』が入ってくるから、修羅場がつきものなんだけどね」

コンサルティング会社などでは、「ああしたらどうだろう」「これをやってみたらどうだろう」と仮説を立て、それを検証しながら肉付けや軌道修正を行っていく〝仮説思考〟を新人のうちから徹底して叩き込まれる。

足立もコンサル時代からの習慣で、「日本マクドナルドのマーケティング責任者はどうか」とヘッドハンターから打診されてからすぐ、自分の中でいくつかの仮説を立てていた。

仮説①　商品の方向性が違うのではないか

足立は子どもの頃からマクドナルドのハンバーガーが好きでよく食べていたが、2015年春に発売された新商品「ベジタブルチキンバーガー」には、どうも食欲をそそられなかった。

世間では糖質制限やオーガニックといった健康志向の食品や飲食店がトレンドかのように言われていたが、そもそも健康を考えている人がマクドナルドにくるのか疑問だし、健康を気にしていても、無性にラーメンやハンバーガーを食べたくなることはある。商品の方向性が違うのではないか……。やはり〝マックはガッツリ系〟が魅力だと考えていたのだ。

仮説② テレビCM中心のコミュニケーションでいいのか

多くの人がテレビを見る時間が減ったり、新聞の購読率が落ちているということからも、マス広告の力が全体的に落ちているのは明らかだし、マクドナルドが自らマス広告で発信しても、事件の影響で信頼を得にくくなっている。そこでＰＲやＳＮＳを活用し、第三者に話題にしてもらったほうが、信頼感や親近感を持ってもらえるのではないか。ネガティブな空気も変わるのではないか。

さらに、ハンバーガーという商品以外にも、マクドナルドには強みがある。全国に展開する３０００もの店舗には１日２００万人～３００万人もお客さまが訪れることから、マクドナルド自体が巨大メディアとしての可能性を秘めているのだ。アプリのアクティブユーザーも６００万人（当時）と、その辺の地方紙の発行部数をはるかにしのぐ。これを使ったコミュニケーションができるのではないか。

仮説③「マックに行くのはカッコ悪い」という〝空気〟を変えれば、楽しくて面白いマクドナルドを取り戻せるのではないか

悪評が立っているとはいえ、1日200万人近く訪れるお客さまがいるのだから、「マックに行くのはカッコ悪い」「マックに子どもを連れて行くのは悪い母親」という空気さえ変えれば、現状は変えられるのではないか。

キャンペーンの広告やコミュニケーションも、事件の影響もあってお堅いものが多く、〝Fun Place To Go〟をイメージさせるものではなくなっている。茶目っ気のあるブランドイメージを取り戻すことが大切なのではないか。

すらすら仮説を言い立てていく足立を見ながら、祐介は絶望的な気分になっていた。

「これって、いろいろ調べたり、人に話を聞いたりしてから仮説を立てていくやり方じゃダメなんですか？　足立さんはともかく、自分のあてずっぽうな仮説より、詳しい人の話のほうが役に立ちそうですけど」

「それは絶対やめたほうがいいね。自分自身の仮説がないまま人の話を聞いてしまうと、耳ざわりのいい企画や流行りの手法をとっかえひっかえすることになって、結局なにも成し遂げられないまま終わっちゃうから」

祐介には思い当たる節があった。野球でも、あるコーチに言われて投げ方を変えたら、別のコーチに「それは違う」と別の投げ方をするよう言われることがよくあった。素直に聞き入れているうちに自分のピッチングを見失い、潰れていくピッチャーは少なくない。生き残れるのは、自分の目指すピッチングがあり、それを実現させていくためのアドバイスを取捨選択していける賢さを持ったピッチャーなのだ。

祐介自身は人のアドバイスをすぐ受け入れてしまい、迷走することが多かった。「性格が素直すぎるから伸び悩むんだよ」とよく周囲から言われたものだ。

祐介がそう話すと、「ん？　それは、僕の性格がひねくれてるってこと？」と、足立の表情が一瞬曇った。慌てて祐介が否定すると、「実際、あまのじゃくだからさ、僕は」と、ペロッと舌を出し、笑いながら足立が続ける。

「だって、ほぼ毎年マーケティングの責任者が交代しているような会社に、普通なら飛び込んでいかないよね。それって、つまり入社してから半年くらいでなんらかの結果が出ないと、クビだってことだもん」

第4話 マックのターゲットは若者？　ファミリー？

と、ここで祐介が疑問を口にした。

「足立さんって、そういえば『ターゲットの選び方』についてはどう考えているんですか？」

「うんうん、誰をターゲットにモノを売るのか、みたいなことは私も聞いたことあるわ」

千奈は祐介の顔を見ながら頷いて言った。

「マクドナルドのターゲットってファミリーってイメージがあるけど、実際には老若男女どんな人でも行くお店だよね。だから、日本に住んでいる人全員に訴求する必要があるわけ。お店の利用のしかたも、ランチ目的の人もいれば、休憩目当て、スイーツ目当ての人もいるわけで、本当にバラバラ。だから、個々に絞って訴求するより、いろんなキャンペーンを通して、『なんとなくマクドナルドに行ってもいいかも』っていう全体的な空気感を作ることが大切なんだよ」

「ファッションみたいに『20代のコンサバ女性向け』などと絞ったりはできないんですね。祐介さんの『キャロット』も、マクドナルドに近い感じ？」

「そうだね、『キャロット』の客層は幅広いかも。ただ、うちはランチとディナーがメインで、休憩やスイーツ目的の人はいないかな」

「さて、突然ですが、クイズです。モスバーガーとオリエンタルランド、どっちがマックのライバルだと思う？」

足立が2人に尋ねてくる。

祐介と千奈は考え込み、ああでもないこうでもないと議論を始めた。

先に答えたのは千奈だ。

「これって、引っかけでしょ？　モスじゃ当たり前すぎるもん。だから、オリエンタルランド！」

「理由は？」

「……お客さまを楽しませる場所だから？」

「正解！　そういう遊び心こそがマクドナルド特有のアイデンティティだから」

「やった♡」

「仮説を立てたりアイデアを考えたりするときは、同業他社を見すぎてはいけない」というのが足立の持論だ。例えば、他のバーガーチェーンがこんな商品を出しているから、うちも真似してみよう、うちは少し毛色を変えてみよう、と考えていては、お客さまをあっと驚かせるようなアイデアは出てこない。同業他社からはイノベーション（革新）は出てこない、ということに尽きる。競合はともかく、自社がお客さまにどんな価値を提供したいのか。そこを考えていくことが大切なのだ。

「じゃあ、もしかしてコンビニとか回転寿司も、マクドナルドの競合ですか？」

祐介がふと思いついたように口を開く。

「そうなんだよ。サクッとなにか食べたいというときに、以前ならマクドナルドに来ていたお客さんが、コンビニにかなり持って行かれてるところがあってね。回転寿司も、デザートや子ども向けのおもちゃが置いてあることを考えると、マクドナルドやファミリーレストランを競合相手として意識してることがわかるよね」

第5話

モノを売らずにコトを売る

「途中で脱線してすみません。仮説を立てたら次はどうするんですか？」

「あれ？　グラスにまだテキーラが残ってるね」

満面の笑みで足立がグラスを指さした。祐介は急いでグラスを空にする。

「ここから、社内外のいろんな人に話を聞いて現状認識を深め、仮説がうまくいきそうか検証していくんだよ」

なにかアクションを起こすとき、必ずさまざまな人に話を聞きに行くのがコンサル時代からの足立の習慣だ。コンサルのクライアント内だけでなく、クライアントの取引先や顧客にも話を聞くようにしていた。面白いことに、同じ物事でも、立場が変われば見方は180度変わる。内部より外部から見ているほうが、問題点や課題に気づいている場合も多い。足立はマクドナルドに入社を決めた2015年7月から10月の入社以降、マクドナルドの元社員や現役社員、広告代理店、その他の関係者など、さまざまな人に話を聞いていった。

それを可能にしたのがP&G時代から築いてきた人脈だ。足立はP&G出身者が集まる親睦会の幹事を20年ほど続けているのに加え、ランチタイムも会社の同僚以外の人と過ごすように心がけてきた。夜も、ひと晩に3組との会食や飲み会をすることも珍しくない。こうやって親交を深めてきた友人の〝つて〟をたどっていけば、たいていお目当ての人に会うことができた。

会って話を聞いていくと、自分の中の仮説を「言い得て妙」な言葉で表現してもらえることがある。コンサル時代の先輩と寿司をつまんでいるときに、その言葉は降ってきた。

「マクドナルドのアイデンティティって、〝背徳感〟なんじゃないの？」

自分の言いたかったことはこれだ、と足立は痺れた。夜中のラーメンのようにガッツリ感が味わいたくて、「あぁ、食べちゃった。でも、美味しかったからまあいいか」と、後ろめたさを感じながらも、つい食べてしまうのがマクドナルドの存在意義なのだ。

「確かに！」

「たまに無性に食べたくなる味ですよね」

祐介と千奈も同意する。

「仮説①の〝やっぱりマックはガッツリ系でしょっ〟てことは、その時点である程度正しいとわかったと。だとすると、仮説③の空気についても〝ラブ・オーバー・ヘイト〟でいくぞと。じゃあ、仮説②のコミュニケーションについてはどうだったんですか？」

千奈が興味津々に尋ねてくる。足立は千奈の店ではいつもバカ話しかしないので、仕事の話が新鮮らしい。足立は今度から、少し仕事の話もするといいのかも知れないなと思いながら、言葉を継いだ。

「広告代理店の人たちに聞いたら、業界全体がテレビCMなどのマス広告が効きにくくなっているというのは明らかだったんだよね。やっぱり、PRとSNSを最大限に活用するっていう方向性は間違ってなかったな」

足立はまた、2015年10月に入社して1カ月間の店舗研修を受けながら、現場クルーや店長、マクドナルドの各部署の関係者から話を聞く中で、「レギュラー品に注力したほうが売上の安定につながる」という確信を強めていった。

当時、マクドナルドのマーケティングといえば、期間限定品のキャンペーンを打つことを指していた。レギュラー品は「お客さまを集める力がない商品」としてまったく注目されていなかったのだ。

だが、期間限定品で売上を上げようとするのはビジネスの落とし穴であると足立は考えていた。特にマクドナルドの場合、新商品発売までのリードタイムが半年から1年とにかく長い。全国3000店舗で展開するというスケールの大きさから、食材の調達に時間がかかるからだ。アボカドを使うとなれば1

年前から予約しなければならない。

　これだけ時間をかけて発売し、多額の費用をかけてキャンペーンを打っても、期間限定品の販売期間は4〜5週間のみ。売れるか売れないかはやってみなければわからず、事業の安定性にも欠ける。しかも期間限定品は全体売上の3割ほどにすぎない。どんなに頑張って期間限定品の売上を20％アップしても、全体の売上は6％アップにとどまり、業績を大幅に回復させるインパクトは無いのだ。期間限定品は日本限定品で原料も国内調達のため、高コストで収益性も低い。マクドナルドのコアなファンは、ほとんど「ビッグマック」などのレギュラー品しか食べない、というデータも出ていた。どう考えても、すでに認知度があり、食材をグローバルで調達するため収益性も高いレギュラー品に注力すべきなのだ。

　足立の仮説に耳を傾けていた祐介だったが、首をかしげている。どうも納得できないようだ。

「でも、レギュラー品って新鮮味がないですよね。お客さんにどこをアピールすればいいんでしょう?」

「グローバル共通メニューだから、確かに商品をどうこうすることってできないんだよね。だから、〝話題化〟するんだよ」

「話題化?」

どうも祐介にはピンときていないらしい。

「今は〝モノ〟より〝コト〟の時代って聞いたことない?」

「なんとなくは……」

「要は、今って安くて美味しいものがあふれてる時代でしょ? 作り手が頑張って美味しいものを作っても、モノ自体ではなかなか差がつきにくいんだよね。だから、ハンバーガーっていう〝モノ〟そのものを売ろうとするのではなくて、ハンバーガーを買ったり食べたりする〝コト〟で得られる体験や面白さを売ったほうが効果的なんだ。このやり方を〝ストーリーで売る〟とか〝コンテクスト(文脈)で売る〟と呼ぶ人もいるね」

「そうは言っても、いくらこっちが話題にしてほしくても、ＳＮＳやメディアに取り上げてもらえなくちゃ意味がないですよね？」

「だから、取り上げてもらえるような話題を作って、マクドナルドに行ってみようかなと思ってもらうわけ。でも、これが口で言うほど簡単じゃなくてさ。まあ、そのあたりはおいおい話していくよ」

第6話
できることからコツコツと

「これが、日本マクドナルドの新しいマーケティング戦略です」

２０１６年1月13日、足立は横浜のパシフィコ横浜の大ホールにいた。集まった約３０００人の社員やフランチャイズ・オーナー、サプライヤー、広告代理店などの関係者を前に、仮説を検証しながら作り上げた基本方針のプレゼンテーションを行ったのだ。

「Always On　ポジティブなニュースを断続的に発信」
「Connected　サプライジング&エンゲージングな双方向のコミュニケーション」
「Branding　美味しさを訴求し、期間限定商品だけでなくレギュラーメニューを強化」

全社的な発表はこの時期となったが、この3つは店舗研修を終えた2015年11月には足立の中で形になっており、すでに取り組みをスタートさせていた。

「早いところ結果を出さないとクビになっちゃうから、仮説からマーケティング戦略を悠長に固めてテストしたりしている暇はなくて、ある程度正しいかなとあたりがついたら、どんどんできるところから実行していったんだよね」

できるところから？　祐介は意外に思った。足立なら、すぐさまレギュラー品重視に切り替えるなど、根本的な斬り込み方をするように感じていたからだ。

「最初の半年間は、ある意味、様子見だよ。コンサル時代から、いろんなリーダーを見てきたんだけど、新しいリーダーって、張り切って大きな結果が出るような長期的なプロジェクトに取り組んじゃうことが多いの。でも、それだとなかなか結果が出ないから、周りも『この人についていって、大丈夫？』って不安だし、信頼できない相手になにを言われても一生懸命やろうって気になれないでしょ？　だから、できることから手をつけて、小さくても結果を積み重ねていくことが大事なんだよね。いろいろやりながら、ＰＤＣＡ（Plan・計画、Do・実行、Check・評価、Action・改善）を回して精度を高めていく感じかな」

「意外ですね。最初はどこから手をつけていったんですか？」

「とにかくいろいろ同時進行で進めたなあ」

足立がサラ・カサノバ社長兼ＣＥＯから拝命したミッションは、「売上」と「客数」のアップだ。売上は客数×客単価で表すことができるが、マクドナルドでは手ごろな価格を訴求して客数を増やしたのちに、高付加価値の商品で単価をアップしていくという考え方が定石だった。

だが、手ごろな価格の商品目当ての人が、より高い商品に手を伸ばしてくれるようになるとは、足立には思えなかった。それを裏付けていたのが、〝デフレの寵児〟時代のマーケティング戦略やデータだ。これらを分析してみたが、どう考えてもレギュラー品のディスカウントや価格訴求商品で一時しのぎの数字を作るメリットよりも、ブランド価値や利益が毀損されるデメリットが上回る。そう判断した足立は、「ディスカウントをやめるのはいいですけど、それで本当に売上が立つんでしょうか」という周囲の反対を押し切り、ディスカウントは最小限にとどめるという方向へと大きく舵を切った。

「でも、安くて美味しいのがマックの良さでもありますよね？　それに、実際、話題化とか空気を変えようって言われても、それで本当にお客さんが戻ると信じられるかどうかもありますし」

祐介の言葉は、当時のマーケティング本部メンバーやトップたちの意見そのままである。足立は苦笑した。

「お手ごろ感は、シェイクやスイーツみたいに無理なく低価格で提供できる商品でアピールして、収益性の高いレギュラー品はできるだけ安売りしない。もともと高コストな期間限定品はマクドナルドらしいガツンとした美味しさを追求し、その結果として値段は高くなることもある、と決めたんだ。確かに『安売りの代わりの施策』が〝ラブ・オーバー・ヘイト〟？　なんだそりゃ？』って感じで、やっぱり社内では懐疑的な目で見られていたことは確かだね。だから、早く結果を出す必要があったんだけど」

第7話
アイデアはゼロから考えなくていい

足立がいち早く取り組んだのはPRやSNSの領域だった。これらはテレビCMなどより費用やリードタイムがかからないため、足立の裁量で最終判断できる。マーケティング本部からソーシャルの専任担当者を任命し、ソーシャルエージェンシーを決定。その情報はマクドナルドに出入りする全広告代理店で共有する体制を整えた。新しいことをするときは、専門の担当者とチームを置くのが足立の流儀だ。他の仕事の片手間では、取り組みが進まないし、社内にも本気度が伝わらない。

さっそく毎週新商品をリリースして、ポジティブなニュースを増やした。また、これまではプロモーションの発信を一方的に行うだけだったた

Ｔｗｉｔｔｅｒの公式アカウントでも、お客さまのツイートをリツイートするようにしていくなど、小さな取り組みをどんどん進めていった。

そんなある日、足立は広告代理店との打ち合わせに参加していた。まだ入社間もない２０１５年11月のことだ。２０１６年２月に発売予定の期間限定品の打ち出し方が定まらず、キャンペーンの中身が固まっていなかった。足立も試食をしたが、北海道産じゃがいものバター風味ポテトフィリングが挟んであり、とても美味しい。しかし、普通に美味しさを訴求するだけでは話題にならない、と考えた。

ＣＭの企画コンテを見ると、「北海道産のポテトやチェダーチーズ、焦がし醤油風の特製オニオンソースを３段バンズで挟んであるなど、特徴が多くて名前がまとまらない。だったら、占い師に決めてもらおう」といったような内容だった。

「ＲＴＢがないです」

と、思わず足立は口走った。

ＲＴＢとは〝Reason To Believe〟。受け手がその広告のメッセージを信じられる根拠となる理由のことだ。占い師に名前を決めてもらうことは、お客さまの「食べたい」「美味しそう」「面白そう」に直結しないのである。だが発売まで時間がない。足立の決断は早かった。

「御社まで行きますよ。一緒に考えましょう！」

その日の夕方、足立は広告代理店の会議室にいた。こういうとき、「明日までに代案を出して」と、広告代理店に無理を言うのが当たり前だと思っているクライアントは多い。普通なら、常に広告代理店がクライアントのところに足を運んで打ち合わせを行うが、足立は打ち合わせの半分は自分たちが広告代理店に出向くことをルール化していた。これはＰ＆Ｇ時代に叩き込まれたことのひとつだ。

広告代理店は「出入り業者」ではない。実際にキャンペーンの広告やコミュニケーションを作っていくのは広告代理店であり、彼らは大切なパートナーなのだと足立は考えていた。

これまでボツになった案も含めて代理店側が用意した資料を見ながら、足立は〝話題化〟を実現できるアイデアを探した。

そこで目についたのが、オーストラリアのマクドナルドの成功事例として挙げられていた、「名前募集キャンペーン」だ。

美味しそうな特徴がありすぎて名前が決まらないから、お客さまにいい名前を考えてもらおうという理由には、きちんとRTBがあるし、なによりマクドナルドらしい茶目っ気がある。しかも、お客さまを巻き込み、話題化しやすい「ユーザー参加型」。どうしたら〝話題化〟できるのかを検証するのにぴったりの企画だったのだ。

「応募数が伸びています!」

名前の募集が始まるや、ソーシャルの担当者から興奮気味に報告が上がってくる。このキャンペーンは、マクドナルド社内はもちろん、足立自身の予想を大きく裏切り、2週間で応募総数が500万を超えた。じつに、国内の「名前募集キャンペーン」史上最大級（公募ガイド社調べ）の応募数を記録したのだ。

「こんなにブランドイメージが悪くなっている中でも応募が集まるのか」

懐疑的な見方で支配されていた社内のムードは、これを機に180度変わっていった。

「どうやって考え付いたのかと思ったら、海外でやったことのあるキャンペーンだったんですね！」

驚いている祐介同様、この話をすると意外そうな顔をする人は多い。

「アイデアを考える」と聞くと、「ゼロから新しいアイデアを思いつかなければ」と考えがちだが、マーケティングの世界では海外の成功事例や他業界の成功事例をヒントに、日本流、自社流にアレンジするのは王道中の王道なのだ。

「ただ、このキャンペーン、完全な成功じゃなかったんだよね」

「そうなんですか？　500万応募があったら、売上もすごそうですけど」

「それがさ、凡ミスしちゃって。店舗に来なくても、ウェブからも応募できる仕組みだったから、実際に商品を食べなくてもキャンペーンに参加できちゃうんだよね。せっかく超話題になったのに、売上はごく普通だったな。やっぱり『面白い』だけでは爆発的に売れることはないんだよね。飲食業で話題を売上に結び付けるには、『おいしそう』とか『食べてみたい』というような基本要素が必須なんだと、いい学びになったよ」

名前募集キャンペーンと同時期に、足立はもうひとつ大きな学びを得た。ポテトにチョコをかけた「マックチョコポテト」だ。これは試食の段階から「美味しくない」「甘じょっぱくて美味しい」と意見が割れた賛否両論の商品だった。

「こういう、意見が割れる〝対立構造〟を生む商品って、話題になりやすいんだよ」

「対立構造……マー君（田中将大）とハンカチ王子（斎藤佑樹）みたいな？ダメだ、野球のたとえしか思いつかない」

「そうそう、星飛雄馬と花形満みたいな。ＡＫＢ総選挙も、推しをめぐって『あのコが1位にふさわしい』『いや、違う』と意見が対立するから盛り上がるんだ」

対立構造をあおって話題にしてもらうために足立が選んだ手法は、テレビCMで「絶対に美味しくない！」と叫ばせることだった。食べ物を出すお店が「美味しい」と言うのは当たり前だからこそ、「美味しくない」と叫ぶことで「どういうこと!?」と興味を引き、「確かに美味しくない」「私はけっこう好き」などの論争を呼ぶのが狙いだ。

「ただね、これもチョコポテト論争がネット上で繰り広げられて、〝ラブ・オーバー・ヘイト〟には貢献したんだけど、残念ながらやっぱり売上はそこそこだったんだよね」

「話題になるものと、売れるものって、また違うんですね」

「そうなんだよね。面白いマクドナルドが戻ってきた！　っていうイメージが作れたし、話題化もできてポジティブな情報が増えたっていう点では大成功だったから、この時期のキャンペーンとしてはよかったと思うけど。ただ、やっぱり『美味しさ』につながらない話題化は売上に直結しないってことが、よーくわかったよ」

まだまだ聞きたいことが山ほどあるし、マクドナルドの再建ストーリーも続きが気になる。なにから聞こうかと祐介が考えあぐねていると、足立のスマホが鳴った。

『テレテ♪　テレテ♪』

これは……どうやらマクドナルドのポテトが揚がったときの音を着信音にしているらしい。よく見ると、スマホカバーもマクドナルド仕様だ。

「マクドナルド愛にあふれてるでしょ？　仕事への情熱は態度で表さないとね。あ、今晩の21時からもう1件、飲み会の予定が入ってたんだよね」

祐介が自分のGショックで時間を確かめると、時間はすでに9時半になろうとしていた。

「11時過ぎに戻ってくるから、もしよかったら、千奈ちゃんと2人で飲んでてよ」

あっけに取られている祐介を残し、足立は足早に店を出ていった。

スゴ腕マーケターの極意

その1

難しく考えない！
商売の基本は
シュミレーションゲーム

その2

仮説があると
流行の手法に流されすぎない

その3

アイデアを考えるときは
同業他社以外を参考に

その4

レギュラー品に注力することが
安定につながる

その5

アイデアはゼロから
考えなくていい！

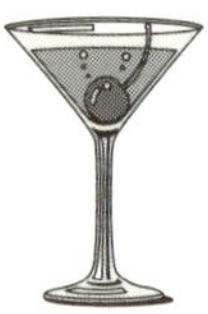

3章

情熱をまき散らし、周りを巻き込め！

～人は感情でしか動かない～

第8話

GNNは失敗のモト

取り残された祐介を気遣ったのか、千奈が声をかけてくる。

「ヒカルさん、いつもあんな感じだから。夜は、いつも2、3件、会食や飲み会の予定を入れてるんだって」

「一晩で3件⁉」

体力だけには自信がある祐介も、驚くタフさだ。

「マクドナルドに3年間勤めてたんだけど、会社から家に直接帰ったこと3回しかないらしいよ」

「そうか、足立さんってマクドナルドもうやめてるんですね？」

「そうだよー。今はポケモンGOを開発した会社にいるの。日本の従業員数は

20人も満たないベンチャー企業らしいよ。すごいよね、日本の総従業員14万人のマクドナルドから、その1万分の1の大きさの会社に行くって」

「せっかくV字回復させたのに？」

「3年以上同じ仕事をしていると、自分の成長が止まっている気がするんだって」

祐介にとっては驚くことばかりだが、足立はマーケティングからコンサルティング、経営までいろいろやってきたからこそ、あんなにピンチだったマクドナルドをV字回復させられたのかもしれない。


コトン、と祐介の前にグラスが置かれた。また飲まされるのか⁉ と身構えたが、どうやら中身は水らしい。顔を上げると、カウンターの中から、ガタイのいい茶髪のイケメンが微笑みかけている。年齢は、祐介より少し上の40代くらいだろうか。芸能人に例えるなら……と考えたが、祐介は野球中継以外滅多にテレビを見ないため、知っている有名人といえば野球選手ぐらいになってしまう。そうだ、誰かに似ていると思ったら、ソフトバンクホークスの今宮健太にそっくりなのだ。

「さすがトオルさん、気が利くね♡　祐介さん、こちらは実質的に『夜光虫』の運営を任されているトオルさんです。ヒカルさんは、飲んでばっかりの〝名ばかり店長〟だから」

千奈にトオルと呼ばれた今宮似のイケメンは、

「さっきから、けっこうテキーラ飲まれてたので、心配で。大丈夫ですか？」

と祐介に話しかけてきた。

「なんとか……。お水、ありがとうございます」

「これって、足立さん流の『仲間意識』を持ってもらうためのコツみたいですよ」

「え⁉　なにがですか？」

「〝激しい飲み会〟ですよ」

トオルが言うには、足立はマクドナルドでもこれまでの会社でも、社内外の関係者と〝激しい飲み会〟を繰り返してきたという。特に、マクドナルド時代は、社内からも広告代理店からも「この人、いつまで持つかな？」という目で見られていたため、いきなり新しい方針や数値目標を「やれ！」と押し付けても、動いてくれるはずもない。そこで、仕事以外の場でさまざまな接点を作り、仲間になっていくことで、「こいつが言うなら、なんとかやってやるか」と重い腰を上げてもらえるようになるというのだ。

「〝人は論理ではなく、感情で動く〟っていうのが足立さんの持論なんです。ただ、直属の部下の方と飲みにいくのは最初のうちだけみたいでした。仲良くなりすぎて感情が入りすぎると、客観的な判断ができなくなっちゃうからって。ところで、足立さんがヘンケルにいたのはご存知ですか？」

「えーっと……」

「日本だとあんまりなじみがないかもしれないんですけど、ドイツのヘンケルグループってヨーロッパのヘアケア市場では第2位のシェアを持つ会社なんですよ」

「トオルさん、詳しいですね！」

祐介は素直に感心した。

「この店にいると、繰り返し耳に入ってくる話なので、自然に覚えちゃうんです。で、足立さんは今夜みたいに中座することも多いので、僕がわかる範囲で代わりにお客さまの話し相手を務めることも多くて」

なるほどそうだったのかと納得しつつ、祐介は話の続きが気になってしかたなかった。

「それで、ヘンケル時代になにが？」

「足立さん、ヘンケルグループに属するシュワルツコフ・ヘンケルの日本の社長や会長をしてたんですけど、あるヘアカラーの新製品をクリームタイプと泡タイプの2種類、企画したらしいんです。でも、1種類目を先に出したら、全然売れなかったらしくて」

「そうすると、2種類目は出さないほうがいいって、足立さんなら言いそうですよね。キズが余計に広がりそうだし」

「でも、発売間近まで準備が進んでいたこともあって、担当者が『ここまで頑張ったんだから、発売したい』と主張したとかで。いざ発売したら、案の定返品の山だったって」

「意外ですね、足立さんもそういう失敗してるんだ」

「だから、GNNは仕事をするうえでは大切。だけど、意思決定するときはGNNで判断しちゃいけないって、よく言ってますよ」

「……GNN？　すみません自分、横文字に弱いんで」

恐る恐る祐介が尋ねると、トオルは笑いながら教えてくれた。

「〝義理・人情と浪花節〟の略なんです。笑えますよね。まあ、僕も足立さんの部下みたいなものなので、数字については厳しく詰められてます」

「怖い上司なんですか？」

「厳しいことを言うときほど笑顔だから、余計に怖いんですけどね。でも足立さん、あの通りものすごいキャリアの持ち主なんですけど、普段はそれを全く感じさせない気さくな人なので。言いたいことは言い合えるフラットな関係だとは思います」

祐介は、足立が「部下だからといって、自分の意見を押し付けない」と言っていたことを思い出していた。

第9話
落とされた男

「そもそも足立さんって、マクドナルドにもあのカッコで行ってましたからね」

「ハイ！　その話、私も聞いたことある！」

千奈が右手を高く上げ、楽しそうに話し始めた。足立は、マクドナルドの入社初日、カーキ色のTシャツと迷彩パンツという、まるでこれから戦闘に行くかのような格好でマーケティング本部に現れたそうだ。彼がスーツを着るのはプレゼンのときやマクドナルドのフランチャイズ・オーナーたちと会うときぐらいだったという。

「しかし、マクドナルドは外資系企業だし、もともと社員の服装もカジュアルなんじゃないですか？」

祐介がそう疑問を口にすると、

「それが違ったんだって」

と、千奈は言う。

赤と黄色のコーポレートカラーで、アメリカの自由なカルチャーを思わせるマクドナルドだが、本社はアメリカのミッドウエスト（中西部）、つまりけっこうな田舎にある。

ファッションもビジネスの手法も真面目で保守的な社風なのだ。オフィスでは、ノーネクタイであってもジャケパンスタイルが基本だという。そんな中に、迷彩パンツで乗り込むなんて。祐介は絶句した。

「真面目で保守的でも、うまくいっていれば別に変える必要はないんだって。でも、当時のマクドナルド、かなりピンチだったでしょ？　だから、カルチャーをガラッと変える必要があるって感じたらしいのよ」

口で言うのはたやすいが、いざ実践しようとなると相当な困難を伴うことは、祐介にもわかった。野球で考えれば、選手の身だしなみを厳しく管理し、「紳士たれ」を信条としている巨人に、ロン毛、ヒゲ、ピアス姿の監督が就任するようなものだ。それがいかに革命的なことか、祐介にも実感できた。黙り込む祐介に構わず、千奈は話し続ける。

「スーツを着ると、〝偉い人感〟が出ちゃって、みんなが意見を言ってくれなくなるからイヤなんだって。実際、日本マクドナルドのナンバー3だから、めっちゃ偉い人なんだけどね。それで、だんだんデニムで出社する人も出てきて、自由に議論する雰囲気が出てきたみたい。足立さんの主催でハロウィンの仮装大会もやったりして、出てくるアイデアも、だんだん本来のマクドナルドらしい茶目っ気のある感じに変わってきたんだって」

野球でも監督が代わればチームも変わる。それだけトップの影響力は大きいのだ。

「〝カルチャーを変える〟で思い出したんですけど、足立さんってマクドナルドの最終面接で一度、落とされてるんですよ」

またもや、トオルが衝撃の発言を投下してきた。

「あ、私も知ってる。人事部長と社長室長が足立さんの入社に反対したんだよね。足立さんが、飲み会で『よくも僕を落としましたね』って彼らをイジってるの目撃したから」

「まあ、普通は反対するよね。だって、足立さん、真面目で保守的なカルチャーに全然合ってないし。でも、もし足立さんが入社してなかったら、アメリカ本社が日本マクドナルドを売却しちゃってたかも。新聞にも〝身売りを検討〟って出てたもん」

「ＺＯＺＯの前澤社長とかが日本マクドナルドを買ってたかもって考えると、面白いけどね」

トオルと千奈は盛り上がっているが、一度落ちたのにどうして入社することが決まったのだろう。そんな祐介の疑問に、トオルが答えてくれた。

「じつはこの話、この前の日本経済新聞に出てたんですよ。足立さん、最終面接前から店舗研修に入っていて、店長やクルーから高評価を受けていたんですって。おそらく、偉ぶらないし笑わせてくれる、いつもの調子で信頼を得て、現場の声をいろいろ聞いたのかなって。これは僕の推測ですけど」

結果、その声が副社長でナンバー2の下平篤雄氏のもとに届き、一転して採用ってことになったのだという。トオルいわく、下平氏は日本マクドナルドの創業者、藤田田氏の薫陶を受けた人物だという話だった。さすがの祐介も、藤田田氏のことは知っている。スケールの大きすぎる話に、祐介は頭が追いつかなくなっていた。

第10話
原理主義がビジネスを救う

さらに、トオルは思わぬことを言い始めた。

「フランチャイズのオーナーさんたちとも、よく飲んだらしいですよ」

「マーケティングの責任者って、そんなことまでするんですか？」

「結果を出すために、『できることは全部やる！』っていうのが足立さんの口グセですから」

でも、それが先ほど言っていた〝激しい飲み会〟である必要はあるのだろうか。

「『お酒が飲めないなら山登りでもテニスでもいいんだけど』って、言ってましたね。ただ、〝激しさ〟はなにをやるにも必要みたいです。普通に飲んだり遊んだりしただけじゃ、記憶とか印象に残らないじゃないですか。記憶に残るような〝激しい夜〟だからこそ、『あのとき、すごかったよね〜』って共通の思い出や体験になって、仲間意識が生まれるって言うんですよ」

「へー、飲み会も〝話題化〟するんですね」

「言われてみればそうですね。ただ、広告代理店の人たちとも頻繁に飲みに行くのは最初の半年から1年目までくらいって言ってましたね。飲むのが目的じゃなくて、信頼関係を築いて結果を出すのが目的だからって」

〝激しい飲み会〟の費用は誰が持っているのだろう。祐介は気になった。代理店持ちなのだろうか。祐介も社会人野球の選手だった頃、クライアントが野球好きのときは、よく接待ゴルフに駆り出されていた。莫大な広告費を落とすクライアントと広告代理店が、フラットな関係になれるものなのだろうか。足立の不在をいいことに、祐介は「シロウト考えですが……」と疑問をトオルにぶつけてみた。彼の答えは、

「広告代理店＝接待ってイメージありますもんね。でも、足立さんのいた外資系って、接待を受けるのを禁じていたり、日本企業みたいに高いお店で飲む接

待交際費も出なかったりするのが普通なんです」

それもあって、足立はマクドナルド入社後に、「当社社員を安易に接待しないでください」「飲みに行ったら費用は折半で」と代理店に通達したという。

「でも、代理店の営業やクリエイティブがやる気になったのは、それだけではないと僕は思うんです。足立さんって、面白いと思ったら面白い、つまらないものはつまらないって、ハッキリ言うんですよ」

「ん!?　どういうことですか？」

「テレビCMの企画コンテなんかをプレゼンするときって、クライアントが10人くらいズラーッと並んでるところに、広告代理店の営業とCD（クリエイティブディレクター）が立ち向かうんです。で、プレゼンが終わると、偉い人が『この中で選ぶなら、まあ、コレ……かな？』みたいなのが多くて」

「……それだと選んでもらってもうれしくないですね」

「そうなんですよ。誰かが意見を言うのを待ってて、いいのか悪いのかわからないまま、なんとなく消去法で、いわゆる〝悪くないもの〟が選ばれがちなんです。特に日本企業に多いんですけどね、こういう感じって」

「そうなると、きっと無難なやつに決まるし、せっかく苦労して提案を作った広告代理店側もモチベーション上がらないですよね」

「でも足立さんはそうじゃなかったらしくて。その案がいいと思ったら、『素晴らしい！　もうこれでいこう！』と叫んでワーって拍手してくれたんです。そうしたら、他のみんなもつられて手を叩き始めて。クライアントから一斉に拍手をもらったことなんてないですから、その場にいた営業もCDも本当に感動して、『やるぞ！』と一気にモチベーションが上がったんです」

プレゼンの様子が目に浮かんでくるようだ。トオルはなぜこんなに詳しいのだろう。

「『名前募集バーガー』にしてもそうでしたけど、当時まだ世の中から批判されている中で、『こんな振り切った企画が通っちゃうの？』っていう衝撃がありましたね。あれは、『枠にとらわれず、自由に発想していいんだ！』っていう強烈な足立さんから代理店へのメッセージだったんです！」

「……トオルさん、まさかその場にいたわけじゃないですよね？」

トオルの話しぶりがあまりに臨場感たっぷりなので、祐介は冗談交じりに思わずツッコんだ。だが、返ってきた答えは、祐介の想像を超えていた。

「じつは僕、マクドナルドを担当してた広告代理店にいたんですよ。営業の下っ端だったんですけど」

祐介はわけがわからなくなった。なぜ広告代理店の人間が、バーテンをしているのだろう。話を聞くと、トオルは富山の造り酒屋『佐々木酒造』の三男坊で、長兄が後継者として家に入ったものの、父親と経営方針で揉め、関係が決裂してしまったという。次兄は建築家としてすでに設計事務所を構えており、家を継ぐことはできない。結果として、三男のトオルにお鉢が回ってきたのだ。

「親に『お前しかいない』って泣きつかれて。で、会社を辞めて、今は都内の酒屋で研修を受けながら、夜はこの店で勉強させてもらってるんです。だから、さっきから親のお店を継いだっていう祐介さんの話を聞いていて、『僕と境遇が似てるなー』ってひそかに思ってたんですよ。だから、炎上やお父さんのことも他人事は思えなくて」

だからさまざまな事情に通じていたのか。祐介は一気に謎が解けた思いだった。でも、ＣＭＯと代理店の営業の若手に接点などあるのだろうか。

「本来なら、ＣＭＯって恐れ多くて遠くから眺めるだけの存在なんですよ。でも足立さんって、プレゼンの休憩時間に喫煙所にいた僕たち若手にも、『よっ、元気？』みたいな感じで平気で話しかけてくるんです。足立さんもお酒が好きなので、実家が造り酒屋だって話したら面白がってくれて」

想定外のことが多すぎて、なかなか頭がついていかない。だが、若手とはいえマクドナルドを担当したことのある広告代理店の人間と話す機会などそうはない。この機会に、なにかしら『キャロット』再生の手がかりを少しでもつかもうと、祐介はどん欲に質問を繰り出した。

「広告代理店からの提案が、いつも面白くていいものとは限りませんよね？　そういう場合ってどうするんでしょう？」

祐介自身も、以前、父親から店のホームページ案をいくつか見せられ「どれがいいと思う？」と聞かれたことがあった。だが、正直違いがよくわからず、はっきりと意思表示できなかったという苦い思い出があったのだ。

「足立さんは、分厚いプレゼン資料を作っても、全然見てくれないんですよ。パラパラーッてめくって、CDの説明もほとんど聞いてないし。CDとしては順を追って説明したいんですけど、いつも足立さんに『結論から言って』と言われて、寂しそうにしていましたね」

足立に言わせると、最初に企画案を見たときが、いちばん消費者に近い状態なのだから、テレビCMの尺である15秒以上は見てもしかたない。その瞬間の直感で判断するという。一日に我々が目にする広告は4000種以上もあり、その中で印象に残すには一瞬で心をつかむものでないとダメなのだ。

「広告代理店ってだいたい3案くらいをABC案として提案するけど、足立さんはいいものがないと『D案ほしいなー』って言うんです。こんな言い方するクライアントっていなかったから、いまだに覚えてますよ」

トオルが苦笑いを浮かべながら言う。

「D案？　つまりこの中にないから、別案を考えてこいってこと？」

「A案とB案の折衷案がいいのか、どれもストーリーの持っていき方が弱いから別の方向性を考えるかは、その都度、足立さんはちゃんとフィードバックしてくれるんですけどね。良きにつけ悪しきにつけ、常にその場で決断してくれるので、こちらとしてはすぐ次のステップに移れるから、無駄がなくて本当に助かりました」

当時のマクドナルドは、マーケティングの責任者がほぼ毎年のように変わって方針が定まらず、事件の影響もあって「これでいいのだろうか」と迷いながら企画が進行することも多かったという。CMの中身が二転三転したうえにリシュート（再撮影）になるなど、「巨額の広告費が落ちるのでお付き合いはするが、できれば担当したくないクライアント」になっていたというのだ。

そこに、話題化できるユニークなアイデアなら即時にGOサインを出す足立がやってきたのだから、現場が盛り上がったのは想像に難くない。海外で多くの広告賞を獲っているＣＤであっても容赦せず、話題化できないアイデアと見るや「１００点満点中30点」と平気で低い点数をつける足立を見て、「名前や肩書でなく、アイデアを見てくれる」とモチベーションが高まった、とはトオルの弁だ。

「ただ、代理店の立場からすると、即断即決してきちんとフィードバックしてもらえるのは本当にありがたいんですけど、自分がクライアントの立場になると、それってものすごく難しいことだなって思うのも事実なんですよね」

祐介も大きくうなずいた。まずは判断基準を知りたかった。足立はなにを基準に、企画やＣＭの良し悪しを判断していたのだろうか。トオルによれば、

①話題化できるか。

②マクドナルドらしさがあるか（美味しさにつながるか）。

③新しさがあるか。

の3つが足立の判断基準だったという。

「これって、言葉だけ見ると、めちゃくちゃシンプルで簡単じゃないですか。

でも、いざ実践しようとするとなかなかできないんですよ。足立さんを見ていて僕が思ったのは、ビジネスをやる上で、こういう判断基準とか企画の核となる部分は、絶対に変更しないっていうのが大切なのかなってことなんです。僕らは足立さんを〝原理主義者〟って呼んでたんですけど」

原理主義者？　果たしてどういう意味なのか。

「足立さんって、いつも打ち合わせで『バズバズ』言ってたんですよ。とにかく〝バズる＝つまり話題化できる〟アイデアが大切だっていう話なんですけど、これって単に面白ければいいっていう話じゃないじゃないですか」

「そうですね、①話題化だけなく、②美味しさがないとダメって『名前募集バーガー』で学んだってさっき言ってました。名前募集の企画は日本では初めて行われたものだから、③新しさの条件もちゃんと満たしてますね」

「でも、その3つを満たすアイデアってなかなかないし、企画が進行していくうちに予算や『大人の事情』で実現できないってことも出てきますよね。でも、そのときに妥協せず『美味しさにつながらないバズはいりません』『二番煎じだね。新しいのが欲しい』って、原点に立ち返るようしつこく言ってくるんですよ。要は『逃げずに原点を実現させるために考えろ』ってことだと思うんですけど」

そういえば、名監督として知られる野村克也氏も、「人生も野球も迷ったら原理原則へ戻れ」と言っていたことを祐介は思い出した。道を極める人は、同じ思考にたどり着くらしい。

「うちの店の場合は、まず『キャロット』らしさとはなにか、ということから考えていかなきゃいけないんでしょうね」

「『佐々木酒造』もですよ。じゃあ、一緒に頑張りましょう！」

「頑張るのは当たり前だよ」

驚いて2人が振り向くと、足立がソファ席に座っている。

「10分前からここにいるんだよ。意気投合してたみたいだけど、なに話してたの？　原理主義者って聞こえた気がするけど」

足立が、からかうようにトオルに声をかける。

「あれ？　聞こえてました？　それにしても、久々に『頑張るのは当たり前』って聞きましたよ」

「だって、普通に仕事をしている社会人だったら、頑張るのは当たり前でしょ？　頑張らないスポーツ選手がいたら問題なのと一緒だよ。どうせなら『10万リツイート&いいねまでバズらせます』とか、ちゃんと頑張ってなにを成し遂げるかっていう結果を言ったほうがいいと思うんだけど」

「おっしゃる通りです」

そう答えながら、トオルは祐介に顔を寄せささやいた。

「今、話した感じだと、人をやる気にさせてくれる素敵なおじさんって感じでしょ？　でもね、足立さんのすごさと怖さは、ここからが本番なんですよ」

「ん!?　誰がおじさんだって？　いつもお兄さんって呼びなさいと言ってるでしょ！」

2人のやりとりを見て笑っていた祐介のグラスに、足立が再びテキーラを注ぎ足す。

祐介にはもう最初のような戸惑いはなかった。

よし、今夜は行けるところまで行ってやろう。彼はグラスの中身を一気に飲み干した。

スゴ腕マーケターの極意

その1

GNN（義理・人情と浪花節）は大事だが、意思決定と切り分ける。

その2

行き詰ったら古いカルチャーをガラッと変えてみよう！

その3

仲間意識は“記憶に残る夜”につくられる。たまには激しい共通の思い出や体験を

その4

その場での決断とフィードバックが次のステップへの最短ルート

その5

迷ったら「話題化できるか」「らしさがあるか」「新しさがあるか」のみで判断してみる

4章

デジタルマーケティングの落とし穴に用心せよ！

～話題化には「有名人」も「新商品」も必要ない～

第11話 "話題化"すれば売れる!

「仮説を検証しながらPDCAを回していくんですよね？　ということは、『名前募集バーガー』や『マックチョコポテト』の次のキャンペーンで、その反省を生かしたってことですか？」

テキーラを飲み干すなり、待ちきれないといった様子で、祐介が足立に尋ねてくる。どうやら、足立がいない間ににだいぶ酒が抜け、復活したようだ。

「いやー、さっきも言ったけど、リードタイムが長いから、検証して得られた学びを生かせるのって、早くても3カ月から半年先になっちゃうんだよね。だから、入社1年目の2016年秋くらいまでは、入社して2、3カ月目までに仕込んだ企画でひたすら仮説を検証していった感じかな」

「ほぼ1年分のキャンペーンを入社してすぐ決めていたんですか……」

「いやいや、考えていたのは1年分だけじゃないよ。目の前の仕事に取り組みながら、常に数年先を考えて走るのがリーダーの務めだから。あとでまた詳しく話すと思うけど、2018年に全国でスタートした『夜マック』の施策だって、構想自体は2016年の春から考えていたものだからね」

すぐ解決すべき『キャロット』の問題すら手を付けられていない自分とのあまりの違いに、祐介はめまいがした。

「名前募集バーガー」で〝話題化〟に成功した2カ月後の2016年4月以降、足立が商品開発から関わった商品がようやく世に出始めた。

その第一弾が「グランドビッグマック」だ。従来のビッグマックより、パティが約1・4倍で、見るからに大きい。まさに足立が「マクドナルドらしい」と考えていた、〝背徳感〟にあふれるハンバーガーだ。

ところが社内では、

「ただビッグマックを大きくしただけですよね？」

「目新しさがなにもないじゃないですか」

「大きいハンバーガーは、（売上の中心である）ファミリーには売れるわけがない」

とさんざんな評価だった。

だが、足立には自信があった。ヘアカラー市場でホーユーや花王といった日本の大手メーカーの後塵を拝し、赤字を垂れ流し続けていたヘンケル時代に、「商品は同じでも、見せ方を変えて」ヒット商品を送り出した経験があったからだ。

ヘンケル時代、関係者に話を聞き、データを分析したところ、若者向けのブリーチ剤市場なら大手メーカーと勝負できそうだということが見えてきた。ブリーチ剤は「髪を脱色して金髪にする」というシンプルな機能の製品なので、大手メーカーと比べて品質に大差がない。

ブリーチ剤はニッチな商品のため、テレビＣＭなどはオンエアされていない。

では、若者がどうやって商品を選んでいるかを考えたところ、パッケージで決めているのではないかという仮説にたどりついた。そこで、若者が好む「ブライス」という人形を女性向けの、熱血マンガ『クローズ』のキャラクターを男性向けのパッケージに起用したのだ。これが、ジャケ買いならぬパッケージ買いを呼び、爆発的なヒットとなった。商品を変えなくても、やり方次第で売れる。「グランドビッグマック」でも、この考え方を応用したのだ。

「グランドビッグマック」のキャンペーンで、足立が決めた訴求ポイントはシンプルに〝大きい〟こと。すでに「ビッグマック」の味は知られているのだから、特徴だけをストレートに伝えればいい。それがレギュラー品の強みだ。

だが、〝大きい〟を表現してくれるイメージキャラクター探しは難航した。何度目かに広告代理店から上がってきた候補の中に、当時、まだそれほどメディアに露出していなかった横綱の白鵬関がいた。

「白鵬関の名前を見たとき『これしかない！』と、その場で即決したんだ。でも、代理店の営業は、クリエイティブからこの案があがってきたとき『これはまずいでしょ』と外そうと思ってたらしくて」

「どうしてですか？」

祐介は不思議に思った。お相撲さんは、大きさをアピールするにはぴったりだし、食欲旺盛なイメージもあるから「美味しい」にもつながる。なにより横綱がマックのＣＭに出るなんて新しいではないか。

「お相撲さんは肥満を連想させるから、マクドナルド的にはＮＧなんだって。営業はそれを知ってたから慌てたみたい。実際、あとからアメリカ本社を説得するのは大変で、白鵬関は肥満ではなく筋肉なんですと主張して、どうにかＯＫをもらったんだけど」

さらに、〝大きい〟を強調してＳＮＳで話題にしてもらうために、パティが「グランドビッグマック」のさらに倍となる、「ギガビッグマック」も数量限定で発売することを決めた。

「それまでのマクドナルドは、あくまで商品が先にあって、あとからキャンペーンを考えていたんだけど、これは〝話題化〟ありきで作った初めての商品になったんだよね」

「ということは、足立さんが『グランドビッグマック』で検証したかったことって、目新しさのない商品でも、〝話題化〟すれば売れるのではないかっていうことですよね。それと、マクドナルドらしい〝ガッツリ系〟が受けるのではないかということ。あとは……？」

祐介はマーケティングの考え方のコツがだいぶわかってきたらしい。足立は感心しながら補足した。

「もうひとつは、発売前のマーケティングに力を入れることが売上につながるかってことを試したかったんだ。マクドナルドの期間限定品のキャンペーンって、最初にどっとお客さんが増えて、4〜5週間で終了するのが基本なんだよね。これって、マーケティングの手法としてはどの業界と似ていると思う？」

「……アイドルの写真集とか、化粧品とか？」

「化粧品は息が長い商品だから、プロモーションも発売前だけじゃなく、まんべんなく行うんだ。アイドルの写真集のほうが、マクドナルドに近いかな。一番似ているのは、映画業界だよ」

「そうか……公開前に、出演者がめちゃめちゃ告知して、始まってすぐ『何百万人動員』とか『興行収入第一位』って発表されてますもんね」

「一部の例外を除いて、基本的には映画を公開した最初の週末が勝負。そこの売上をピークとして、あとは時間とともに売上が減っていく比率は常にほぼ一定なの。だから、最初の週の売上のピークが高いほど、その後の売上が爆発的に大きくなる。考え方はマクドナルドのキャンペーンも一緒だよ」

もしかして、と祐介は思い当たることがあった。だから足立は広告代理店に「バズバズ」言っていたのだろうか。確かに、発売前にＳＮＳでバズって話題になれば、発売と同時にお客さんが殺到するだろう。効果は大きそうだ。

「ＳＮＳでバズるには、商品やキャンペーンを〝ある程度〟知っておいてもらう必要があるんだよね」

足立が言うには、いろいろな研究から、次のような結果が出ているという。

・人がシェアしたくなるのは、周りの3〜7割が知っていそうな情報。
・人がシェアしないのは、ほとんど知られていない情報と、すでにみんなが知っている情報。

「つまり、誰も知らない情報はＳＮＳで話題にしようがないし、知られすぎた情報は新鮮味がないからＳＮＳで話題にしないってこと」

ということは、発売前にテレビＣＭを流せば知られすぎてしまうから、効果が薄いということか。だが、商品の情報を「周りの3〜7割が知っていそうな、ある程度知られている」ものにするなんて、果たして可能なのだろうかと祐介は困惑した。

「それを可能にするのがＰＲなんだよ」

まず、新商品やキャンペーンのリリースをメディアに流して、ニュースとして取り上げてもらう。Ｔｗｉｔｔｅｒやホームページ、アプリなどのマクドナルドの自社メディアでも告知する。それにより、「話題になっているんだな。食べてみたい」と〝世間ごと〟となり、「買う理由」ができるという。

さらに、SNSで友だちが「面白そうなキャンペーン」「食べたら美味しかった」と投稿しているのを見ると、「へー、そうなんだ」と共感して〝身内ごと〟となり、これも「買う理由」になる。

そして最後にマス広告で認知度をさらに高めてダメ押しするのだ。

「PR→SNS→マス広告っていう順番なんですね……」

理屈ではわかるが、今ひとつ腹落ちしない。そう思っていると、足立が千奈に、

「たとえばさ、千奈ちゃん、いきなり俺が『俺っていいヤツなんだよ。付き合おうよ』って言いだしたら、どう思う？」

と突然話を振った。驚いた様子の千奈が、

「えっ⁉ ……引きます」

と即答する。

「自分で自分のことを『いいヤツ』って褒めるのって、なんか怪しいし」

「だよね。ちなみに、千奈ちゃんが尊敬している人、信頼してる人って誰？」

「モテクリエイターの〝ゆうこす〟」

「だったら、〝ゆうこす〟に『足立さんはいい人だから、付きあったら？』って言われたら、どう？」

「信用する！」

「それが、PRの効果なんだよ。CMみたいに自分で自分をアピールしても、『ふーん』ってスルーされてしまうんだけど、信頼している人やメディアが『足立さんはいい人！』と言ってくれると、信頼度がグッと高まる。さらに、身近な友だちから『いい人だよ、付き合ってみれば』と言われると、『本当にそうなんだ』と思えてくるでしょ？　ここで、本人が登場すれば、信頼度がアップしている分、選んでもらえる確率が上がるっていうわけ」


なるほど、そういうことなのか。ようやく祐介も腑に落ちた。

「『グランドビッグマック』では、この戦略がぴたりとハマったんだ。マクドナルドと横綱という意外な組み合わせが話題になって、白鵬関が姿を見せたプレスイベントは、テレビやネットニュースなどの媒体に数多く取り上げられたからね」

また、それまでマクドナルドの広報が付き合ってきたメディアは、新聞社や出版社などの大手が中心だったが、この前後からグノシーやスマートニュース、ロケットニュース24、バズフィードといったネットメディアをプレスイベントに招待し、記事化してもらう試みにも着手していた。ネットメディアは大手メディアよりも記事になりやすく、大量に情報を露出させるにはうってつけだったからだ。

SNSでも「ビッグマック」「グランドビッグマック」「ギガビッグマック」の3つを並べて大きさを比べたり、尋常ではないボリューム感について話題にしたりといった投稿が拡散され、大いにソーシャルで話題となった。

そして、白鵬関のテレビCMも注目され、「グランドビッグマック」は売れに売れ、パティの欠品が相次ぐほどの大ヒット商品となったのである。

「当初は、大相撲の春場所が行われる3月に発売したかったんだけど、『春休みでファミリー層が多い、かき入れ時の春休みにハズすと痛手だから』と、社内の大反対にあって、4月の発売にずれ込んだんですよね？」

トオルが当時の足立の苦しい立場をこう説明してくれたが、「そんなこともあったなあ」と足立自身は飄々としている。

「やったことがないことをやろうとすれば、反対にあうのは当たり前だから。でも、これ以降、メディアの潮目が大きく変わったのは確か。取り上げられ方が、ポジティブになっていったから」

野球の試合でも、「圧倒的不利」という下馬評を覆したときほど気持ちのいいことはない。本当に売れるのかという周囲の声を覆し、面白いほどに仮説が証明されていく様子が痛快で、祐介はさらに続きが聞きたくなった。

第12話
デジタルマーケティングの勘違い

「次の商品ではなにを検証したんですか？」

「翌月の2016年5月に出した『クラブハウスバーガー』も、消費者参加型の企画なんだ」

「あれ？　でも、同じ消費者参加型の『名前募集バーガー』の反省を生かせるのは、まだ先のことですよね。結果がどう転ぶかわからないまま、同じような企画をやっちゃって大丈夫だったんですか？」

「仮説を検証して結果を見てから、PDCAを回して堅実に積み上げていくんじゃ遅いんだよね。できることから手をつけて小さな結果を出していったり、PDCAを回していったりするのはもちろんすごく大事。でも、それだけだと目標が達成できない可能性も出てくる。だから、たとえ半分くらいは失敗しても、目標は達成できるよう、できるだけたくさん〝大きな成功〟に結び付きそうな企画を仕込んでおくんだよ。『名前募集バーガー』みたいな消費者参加型の施策、『マックチョコポテト』みたいなマクドナルドのイメージを裏切るような〝逆張り〟の施策は、イケるという自信もあったから、商品に合わせてアレンジしながら、何回か仕込んでおいたわけ」

「クラブハウスバーガー」のキャンペーンの目的は、「マクドナルドの信用を高める」ことにあった。第三者に「美味しさ」をアピールしてもらうことで、食品偽装問題などで失墜した信頼回復を狙ったのだ。

足立が入社する前のマクドナルドは、「美味しさ」を、意外にアピールしていなかった。足立はそれを逆手にとり、「マクドナルドは、じつは美味しい」という打ち出しを試みたのだ。それが、厚くてジューシーなパティを、蒸してから焼いたもっちり感のあるバンズで挟んだ「クラブハウスバーガー」だった。

このキャンペーンなら、祐介も覚えている。「クラブハウスバーガー」を買うと、スクラッチカードを渡され、5点満点で美味しさに点数をつけることができる。購入者は自分の評価をつけたスクラッチカードをどんどんSNSに投稿し、盛り上がりを見せていた。

また、「何年もマクドナルドに来ていない人たちを50人集め、味の感想を聞く」という、かなり挑戦的な内容のウェブ動画とテレビCMも話題を呼んだ。

事前にモニターによる試食で過去最高の高評価を得ていたため、味に絶対的な自信はあったが、CMオンエア約3週間前に一発撮りするため、撮り直しはきかない。このときは、さすがの足立も不安を覚えていた。

「だって、最長で12年もマクドナルドに来てないって人もいたからね」

「12年ですか！」

「でも、そういう人たちが『こんなマック初めて』『ジューシーですね』と言うからこそ、それを観た人は『食べてみようか』と思う理由になるんだよね。で、価格も490円と高めだったにもかかわらず、発売後2週間くらいで完売したんだ」

「えーと、これで消費者参加型企画が売上に大きく影響することが検証できましたよね。美味しさを第三者に伝えてもらうことも、すごく効果的なんですね」

「第三者にも2タイプあって、自分の友だちや仲間がひとつ。もうひとつのタイプは、お墨付きをくれる人や媒体なんだよ」

「お墨付き？」

「プラモデルが好きな人は、プラモデル専門誌がおすすめする、〝お墨付き〟の商品を信頼するよね。だったら、美味しいものを探すときに見る媒体ってなんだと思う？」

会社の先輩に飲み会のセッティングを頼まれたとき、祐介が参考にしていたのは『食べログ』『ｄａｎｃｙｕ』『東京カレンダー』といったところだった。

「やっぱりそのあたりだよね。『クラブハウスバーガー』の時も、そのあたりのみんなが美味しいお店を探すときに使う媒体で取り上げてもらい、『美味しい』と太鼓判をもらえるよう働きかけたんだ」

雑誌も活用するのか、と祐介は意外な気がした。これまでTwitterなどのSNSの話題が多かったため、マクドナルドはデジタルマーケティングに注力するようになったのだと、思い込んでいたからだ。

「そのあたりを誤解している人は多いんだよ」

と、足立は次のように説明してくれた。

「デジタルはあくまでマーケティングの一部でしかない。大切なのは、

誰に（WHO）

どんなメッセージを（WHAT）

どのくらい（HOW MUCH）

どうやって（HOW）

届けるか、という順番で考えていくことだよ。『今、流行りのインスタグラ

ムで有名人に発信してもらおう』って話もよく聞くけど、これって「HOW」に相当する部分なんだ。マーケティング戦略においては最後に考えることであり、手段（HOW）ありきで取り組んでも、効果は出ないよね」

つまり、美味しいものを探している人に、「クラブハウスバーガー」は美味しいというメッセージを届けたい。だから、SNSで取り上げられるよう話題化するし、第三者のお墨付きをもらうため、『dancyu』にも登場するし、マクドナルドから足が遠のいていた人が味を評価するテレビCMもオンエアする。要は、デジタル（SNS）、PR（メディア）、広告の使い分けが大事なのだ。

第13話

インフルエンサーって〝誰〟のこと？

「マクドナルドって、セレブな有名人に発信してもらう、インフルエンサーマーケティングってやつはやってないんですか？」

モデルのインスタグラムを見てコスメや服を買っているという千奈は、このあたりの話題に興味があるようだ。だが、このインフルエンサーマーケティングも、デジタル同様、かなり誤解されていると足立は考えていた。

「インフルエンサーって、商品のメッセージを第三者として伝え、信頼度を高めてくれる人や媒体ってことなんだ。だから、必ずしも有名である必要はないし、インスタグラムやＴｗｉｔｔｅｒといったデジタルメディアである必要もないんだよ」

「えーそうなんですか？」

「マクドナルドは、インスタグラムのアカウントも閉じてしまったし、有名なユーチューバーさんによる発信もあまりやっていないから、千奈ちゃんがいう意味でのインフルエンサーマーケティングはやっていないに等しかったんだ。マクドナルドにとっては、一般のお客さまも『ｄａｎｃｙｕ』もインフルエンサーだから」

「でも、友だちや雑誌より、セレブなインスタグラマーのほうが、やっぱり効果的なんじゃないですか？」

千奈は、どうやら自説を曲げたくないらしい。

「確かに、商品というより『キレイになれる』という夢を売る側面のあるコスメでは、『キレイ』と思われている有名人の影響力はあるよね。もちろん、有名人のほうが一般の人よりひとりの拡散力はあるんだけど、それこそ、誰にどんなメッセージを届けたいかによるよ。マクドナルドのハンバーガーは、有名人がおすすめするより、『美味しい！』という友だちの投稿のほうが身近だし、

『食べてみようか』っていう気になるでしょ？　それに、インフルエンサーは商品の信頼度を高める効果は抜群だけど、認知度が低い商品を広める効果はテレビなどのマス広告のほうがはるかに高いんだよ。フォロワー数10万以上のユーチューバーやインスタグラマーでも、なかなか全国的な認知獲得はできないんだ。そもそもデジタルを見てない層も結構多いしね」

「えー？　インフルエンサーマーケティングって無敵じゃないんですね。最新・最強のマーケティングだと勝手に思ってたんですけど」

「インフルエンサーマーケティングって、じつは昔からよくある手法なんだ。虎屋の羊羹が『皇室御用達』をうたい始めたのは、江戸時代からとも室町時代からともいわれているし。これって『皇室』を信頼できるインフルエンサーとして活用してるんだよね。今は、メディアの種類がいろいろ増えて、いろんなインフルエンサーが生まれているっていうだけ。デジタルや新聞、雑誌など、いろんなメディアを組み合わせて影響力や信頼度を最大化していくのが、本来のインフルエンサーマーケティングなんだよ」

第14話 話題化のカギはツッコマレビリティ

有名人にSNSで宣伝してもらえばどうにかなるのでは？　そんな考えが甘かったことに気づかされ、祐介はがっくりきた。しかし、ここで落ち込んでいては『キャロット』は救えない。少しでもマーケティングを学んで帰ろう……。そう思い、ひとりうなずいていると、トオルがふと思い出したように話し出した。

「そういえば、『怪盗ナゲッツ』ってありましたよね？」

「お、よく覚えてるね。ちょうど『クラブハウスバーガー』と同時くらい、2016年6月にやったキャンペーンだよ。これは、まさに『名前募集バーガー』のリベンジ企画。このあたりから、ようやく成功や失敗の学びが生かせるサイクルに入っていくんだ」

これも、商品の目新しさではなく、消費者参加型キャンペーンを打つことで、〝話題化〟を図ったケースだ。商品のチキンナゲットはレギュラー品だが、ソースだけを新しくした。その新しいソースを狙って現れる正体不明のソースハンター『怪盗ナゲッツ』の目撃情報をＴｗｉｔｔｅｒで投稿すると、賞品が当たるという内容だ。イメージキャラクターは、黄色いタキシードがトレードマークのお笑い芸人。持ちネタで「ゲッツ」よろしく「ナゲッツ」とやるのがシュールで面白いと話題を呼んだ。

「そんなくだらないこと、どうやって思いつくんですか？」

祐介は笑いながら足立にツッコむ。

「マクドナルドらしい、ワクワクする企画でしょ？　じつはこれも、香港のマクドナルドで成功したキャンペーンをアレンジしたものなんだよ。怪盗ナゲッツは正体不明ってことだけど、あの黄色のスーツじゃバレバレなわけ。でも、それがツッコマレビリティにつながるんだよね」

「……ツッコマレビリティ？」

「勝手に作った造語なんだけどね。SNSで『正体不明って言うけど、ゲッツ！　の人じゃね？』ってツッコミが投稿されて、拡散していく。ついツッコミたくなる仕掛けは、〝話題化〟成功の条件のひとつなんだ。ヒット商品が出てきたせいか、社内もだいぶ明るくなって面白いアイデアが出始めたんだよね。『もっと面白いこと、やれやれ！』って感じになってきてたから」

「こんなふざけた企画、ひと昔前のマクドナルドなら、『叩かれるから』って絶対に通らなかったですよ」

トオルも同調する。祐介は、『名前募集バーガー』の反省がどう生かされたのかを聞いてみた。

「ちゃんと『名前募集バーガー』の反省を生かして、怪盗ナゲッツの目撃情報は、店舗に来ないと得られない設計にしたんだ。ただ、以前にも同じようにソースを変えてナゲットを売ったことがあって、そのときは売れ行きが芳しくなかったから、このキャンペーンも、売れ行きに対する期待はそれほど大きくなかったんだよ」

だが、この茶目っ気のあるキャンペーンは大いに話題となり、予想をはるかに上回る爆発的な売上を記録したのだ。


〝話題化〟が成功すれば売れる。

その確信を、さらに揺るぎないものにしたのが「怪盗ナゲッツ」と同じ月に行われた「マックの裏メニュー」の大ヒットだった。

足立に言わせると、商品の考え方自体は「怪盗ナゲッツ」と同じ。レギュラー品にハラペーニョ、クリームチーズ、ベーコンをトッピングするだけの商品とあって、またしても社内では「売れない」とささやかれていた。

「これは、広告代理店としては、腕の見せどころだったでしょ？　モノ（商品）じゃなくて、コト（話題）を売るキャンペーンだから、アイデア勝負だもんね」

足立の言葉に、トオルは当時を思い出したのか苦笑いしながら話し出す。

「面白いアイデアならすぐ採用してくれるし、目標を2ケタ以上、上回れば〝激しい飲み会〟の祝勝会もしてくれるしで、みんな足立さんをどうにか笑わせよう、納得させようってやる気になってましたね。ただ、足立さんが『トッピングって言葉を使うな！』って言うから、クリエイティブはすごく苦労してましたね」

「だって、〝トッピング〟じゃ新鮮味がなくて、話題にならないよ。そこは譲れなかったんだ」

「ほら、原理主義者でしょ？」

トオルが祐介に同意を求めてくる。確かに祐介には、トッピングに代わる言葉など、ないように思えた。なぜ「裏メニュー」という発想が生まれたのか。トオルに尋ねてみると、こんな答えが返ってきた。

「最初は、ダイエットの前と後を見せる『ライザップ』のCMのように、普通のレギュラー品がトッピングを入れてイメージチェンジするような案を考えてたんですよ。あれ？　変わったと思ったら意外に変わってない！　みたいな？　でもこれってパクリだし、美味しさにつながってないよねって話になって」

「トッピングって言葉はダメだって言ったのに、お笑い芸人さんの『グーグーグググートッピングー』っていう案も出してきたよね」

この足立の言葉に、祐介は心の中で「本当に原理主義者！」と叫んでいた。

トオルによれば、「いくつかのレギュラーハンバーガーにトッピングが入るだけだから、なにかしらそれらを総称する名前をつけないといけない」「イメージチェンジやダジャレではなく、食べ物に紐づいた呼び方にしよう」と考え始めてたどり着いたのが「裏メニュー」だったという。

「普通のメニューを少しアレンジしたものといえば、お店で常連になったら出てくる裏メニューかなと。マクドナルドではそれまで裏メニューっていう呼び方はなかったから、『なんだろう？』という〝引き〟になるし、『裏メニューください』ってお店で言うのも恥ずかしい。『広告したらそもそも裏メニューじゃない！』ってツッコミどころもあって面白いぞと」

この狙いはズバリと当たり、「怪盗ナゲッツ」に引き続き〝話題化〟に成功。爆発的なヒットとなった。

この頃には、「マック７四半期ぶり営業黒字」「マック回復基調 家族層戻る」という明るいニュースが新聞やネットに出回るようになっていた。２０１６年上半期の営業利益も、２年ぶりの黒字となった。

「これ以降、広告代理店に商品開発時の企画会議から加わってもらうようになったんだよね。これまでは商品が先にあって〝話題化〟を考えていたけど、〝話題化〟を先に考えてから、そのアイデアに合う商品を作っていくように、商品開発のプロセス自体を変えていったんだ」

第15話 本業以外の魅力でも店に人を呼ぶ方法を探せ！

「ただ、２０１６年下半期になると、売上は悪くないけど爆発的なハンバーガーのヒットは生まれなくて。〝話題化〟って難しいなってウンウン唸ってたな」

祐介は手元にある足立の著書『劇薬の仕事術』に目をやった。だが、31カ月連続で売上を増加させたと帯に書いてある。これはどういうことなのだろう。

「それは、ハンバーガー以外に仕込んでおいた施策が、花開いてくれたからだよ。だから、大小織り交ぜながらたくさんの施策を仕込んでおくことが大切なんだよね」

２０１６年7月、まだ前月の「怪盗ナゲッツ」「裏メニュー」のヒットの余韻が残るマクドナルドが、社会現象を巻き起こしたムーブメントの舞台となった。「ポケモンGO」とのアライアンス（連携）がそれだ。

日本でリリースされるや、「ポケモンGO」をやるためにマクドナルドの店舗に多くの人が殺到し、この月の前年同月比は約26％増、客数も約10％増となったのである。

「どうしてこんなコラボを思いついたんですか？　やっぱり話題性ですか？」

「同じ〝話題性〟でも、『グランドビッグマック』や『怪盗ナゲッツ』とは違って、商品を絡ませない〝話題性〟を狙ったものなんだ。ところで、日本人は月に何回ハンバーガーを食べるか知ってる？」

「3、4回くらいでしょうか」

「それが、月2回以下が約8割なんだよ。意外に食べてない人が多い。だから、月にもう1回ずつみんなが食べてくれれば、それだけで売上や客数は大きく伸びるんだ。だから、商品以外でも店舗に足を運んでもらう理由を作っていきたいと思って、いろんな企業とのアライアンスを模索してたんだよ」

だが、あれほどまでに人が押し寄せるとは足立も思っていなかった。「ポケモンGO」との提携は、ふとした偶然から生まれたのだ。

「もともとポケモンさんとは、ハッピーセットでお付き合いがあったし、先方のCOO（最高執行責任者）が、僕がコンサル時代から知っている人物だったんだよね。で、ちょうど『名前募集バーガー』のキャンペーンが終わる頃、挨拶に行ったら、『今度、こんなゲームをやるんですよ』と見せられたのが『ポケモンGO』だったんだ」

「でも、それってゲームが完成する前だから、実際にプレイできたわけじゃないですよね。なのに、面白いかどうかって判断がついたんですか？」

「僕、P&G時代も、昼休みに六甲アイランドのゲームセンターに入り浸ってたゲーマーなんだよね。『ポケモンGO』の前身のオンライン位置情報ゲーム『イングレス（Ingress）』もやってたから、『ポケモンGO』はきっとヒットすると思ったんだ。まあ、まさか、こんな社会現象になるとは思ってなかったけどね」

ゲームにまで詳しいのか。足立には知らないことなどないのではないか。あまりの博識ぶりに祐介は舌を巻いた。

「それが、日本より先に配信が始まった海外で大ブレイクして、『日本ではまだなのか？』『マクドナルドに行けばできるらしい』などと大騒ぎになったんだよ。フタを開けてみたら、日本のマクドナルドが世界で唯一のオフィシャルパートナーで、2度びっくりさせられたんだ。もちろん、大失敗するリスクもあったわけだけど、最初にパートナーになっていたおかげで、リリース時の盛り上がりを独占できたからね」

運だけで、これほどの結果を残せはしないだろう。実際、全社会議で「ポケモンGO」とのアライアンスが決まったと報告した際、社内は無反応だったという。まだこの世に誕生していないゲームが面白いと〝肌感〟で判断できる人間はそういないのだ。

「商品が絡まないアライアンスがいいのは、店舗側の準備がゼロで済むところ。それに、『マクドナルドと提携します』というポジティブなニュースを、パートナーの会社側がガンガン発信してくれるから、相乗効果で情報の拡散力が倍増するんだ」

「確かに相手が告知してくれて、加速度的に良い情報が増えていくってすごいことですよね」

「実は品質問題でイメージが悪かった当時のマクドナルドとは、どこの会社もアライアンスに乗り気でなかったんだ。あちこち交渉に行ったけど、ほとんど討ち死に、的な。でも、『ポケモンGO』でマクドナルドとのアライアンスは効果が高いってことが判明したし、春からのヒット商品でイメージもだいぶ改善したので、これ以降、どんどん連携先が増えていったんだ」

第16話
1本足打法から2本足、3本足へ

「聞いていると、肉々しいハンバーガーとかゲームとか、男子好みのものばっかり！　女子だって、マクドナルドに行くんだよ。私は『マックシェイク』と『マックフルーリー』のファンなんだけど」

千奈が不満げに意見を表明する。

「スイーツは本当に難しくて、いろいろ試したけど、2016年の秋くらいまで、ほぼ全敗状態だったんだ」

祐介は、好調なハンバーガーに注力しておけばいいのではないか、と思ったが、足立が言うにはそれは違うらしい。

毎月、異なる商品を出すハンバーガーの期間限定品は、言ってみればバクチみたいなもの。当たり外れがあり経営が安定しない。そのため、ハンバーガーだけの「1本足打法」ではなく、アライアンスやスイーツを軌道にのせて「2本足」「3本足」と軸足を増やして経営を安定させていくことが大切なのだ。

ハンバーガーでは連戦連勝の足立が全敗なんて……。祐介は、スイーツの難しさはどこにあるのか知りたかった。

「だって、桃やぶどうのシェイクって、普通すぎて〝話題化〟しにくいんだよね。あと、低価格のシェイクは費用対効果の関係で、当時はCMを打たない商品も多くて、認知度ゼロの状態から知ってもらわなければいけないのも不利だった。だから、ハンバーガーと同じく、〝話題化〟ありきで商品を考えよう、商品数を絞ってテレビCMを打つものだけにしよう、と路線を変更したんだ」

その成果が出たのが2016年9月、「ポケモンGO」リリースの2カ月後のことだ。

マーケティング本部のスイーツ担当者のアイデアで、期間限定品「マックシェイク森永ミルクキャラメル」が誕生したのだ。

フルーツ系のシェイクは、桃やぶどう自体の種類が多く、味がパッとイメージできない。その点、誰もがよく味を知っている森永ミルクキャラメルは、ネーミングそのものが「美味しそう」と魅力的に映る。しかも、マクドナルドと森永という有名ブランド同士のコラボという点でも新鮮で、「飲んでみた！」とSNSで話題になりやすい。

さらに、アライアンスと同様、コラボ相手が商品の情報を大量に発信してくれる。こうした長所の掛け合わせで、足立が入社して初めての激売れスイーツとなった。この方程式を、シェイクだけでなくフルーリーにも展開し、カルピス、ブラックサンダー、パナップなどとのコラボで驚異的な売上を記録していく。

第17話

昨日の敵は今日の友!?

「着々と、再建への道を歩んだんですね。それに比べてうちの店は……」

愚痴を言いかけた祐介のグラスに、すかさず足立がテキーラを注ぐ。

「飲みが足りないんじゃない？　愚痴を言うヒマがあったら、頭と体を動かさなきゃ」

確かに足立の言う通りだ。嘆いている場合ではない。

「すみません。『キャロット』はまさに1本足経営だから、どうしようかと気分が暗くなってしまって……。アライアンスやスイーツは、ちょっとスケールが大きすぎて、そのまま参考にできないし」

その祐介の言葉に、トオルが異を唱える。

「確かにそのままじゃ真似できないけど、根本的な考え方はヒントにできるんじゃないですか？　たとえば祐介さんのお店って、ランチとディナーの間は営業してないんですよね？」

「14時から17時までは休憩と仕込み時間だけど」

「だったら、たとえばですけど、英会話教室と提携してレッスン用に場所を貸し出すとか？　単なる思いつきですけど」

「そうか！　そうやって考えればいいんだ」

だったら、ヒロの『小田切商店』とコラボをするという手もあるのだろうか。

祐介は、すぐさま明るい表情を取り戻した。根が素直なだけに、立ち直りも早い。

トオルと祐介のやり取りを聞いていた足立が、言葉を続ける。

「話だけ聞いていると順風満帆に感じるかもしれないけど、やっぱり一度失った信頼を取り戻すのは、そう簡単なことじゃなかった。時間がかかるんだよね。

この段階だといくらヒット商品を出して、増収増益が続いても、メディアはまだまだ『マクドナルド、復活か？』という論調だったから。〝か？〟が取れるまで、地道に施策を仕込んでヒットを出し続けていかないといけなかったんだ」

「でも、ヒット商品って、そんなにバンバン出るものなんでしょうか」

祐介は素朴な疑問を口にした。

「だから、ここまでの成功、失敗をみんなで共有してＰＤＣＡを回し、ヒットの方程式の精度を高めていったんだよ」

その体制が整ったのは、「マックシェイク森永ミルクキャラメル」が発売された、まだ残暑の厳しさが残る２０１６年秋頃のことだ。

じつはマクドナルドでは、毎月のように新商品発売やキャンペーンがあるため、レビュー（振り返り）をする時間的余裕がなかった。その都度、新しい期間限定商品を手がけることから、過去の経験が通用しないという認識もあったという。

「意外にそういう会社はめずらしくないんだよね。でも、取り組みっぱなしだと、せっかく実行した施策からの学習がないし、自分が担当している商品以外の知見を得る機会を失ってしまう。それに、マーケティング本部といっても、広告代理店やコンサルから転職してきた人もいれば、新卒で入って現場で店長を務めていた人もいて、『話題化っていえば、こういうことだよね』みたいな共通言語や共通認識がなかったんだよ」

そこで、足立は入社してすぐ、実行したすべてのキャンペーンのレビューを月1回実施した。売上目標に対し、結果はどうだったか、なぜその結果になったのか、どう改善していくのか……。そして、その結果をマーケティング本部全体で共有していった。

2016年秋には、レビューに広告代理店や社内の関係部署も加わり、まさに社内外がひとつのチームとなってＰＤＣＡを回し始めたのだ。

「レビューを共有していくと、別のキャンペーンの成功例を、自分の担当するキャンペーンに生かすことができるようになって、施策の精度が上がっていくんだ。たとえば、『ハッピーセット』『ハンバーガー』『スイーツ』って、基本的にそれぞれ別のチームで動いていて、担当している広告代理店も違うんだよ」

「へぇー、そうなんですか。全部トオルさんがいた広告代理店が作っているのかと思ってた」

「キャンペーンの数が多いから、1社だと難しいんだよね。それで、これまでは任天堂のポケットモンスターやサンリオのポムポムプリンなど有名キャラクターとコラボしていたのは、『ハッピーセット』だけだったの。でも、レビューの習慣が生まれて、別のカテゴリーのチームも情報を共有するようになったら、せっかくの有名キャラクターなんだから、『マックフルーリー』も一緒にコラボしてしまえってことになって」

そうして、ポムポムプリンの「ハッピーセット」と「マックフルーリー」の同時コラボが実現した。

キャラクターの力は絶大で、売上的にも大成功し、別のキャラクターでのコラボにも発展していったのだ。

「この頃から、KPIに『プレバズ』を加えたんだよね」

「えーと、すみません、KPIってなんですか？」

祐介は恥をしのんで足立に質問した。

ここで知ったかぶりをして『キャロット』が潰れるより、恥をかいたほうがましだ。

「KPIは『Key Performance Indicator』の略で、ゴールを達成するために鍵となる数値のこと。業種や会社ごとになにをゴールに設定するかはいろいろだけど、マクドナルドのマーケティングの場合は、売上と客数を最終ゴールに設定して、いろんなレビューを行っていたんだ。そして、『プレバズ』の量が、このゴールである売上と客数を向上させるための鍵の数値である、と設定したわけ」

「またしてもすみません、『プレバズ』もわからないんですが……」

「『プレバズ』は僕が勝手に作った用語。プレスリリースを出してから発売までの約1週間にどれくらいSNSで取り上げられてバズったかを表すから『プレバズ』なんだ。最初は、あくまで仮説だったんだけど、この頃には『プレバズの数値』が大きいほど、マクドナルドのキャンペーンで重要な『発売初週の売上』が大きくなるという明らかな相関性が見えてきたんだよね。だから、『プレバズ』をKPIとして設定したんだ」

当初は、Twitterのインプレッション数（いいね＋リツイート）をKPIとして設定し、ソーシャルのチームに毎週毎週口うるさく「どれくらい増えた？　KPIは達成した？」とチェックし徹底していった。そして、KPIは3カ月から半年ごとに見直し、精度を高めていったという。

「これが、足立さんの恐ろしさですよ」

トオルがポツリとつぶやいた。そういえば、さっきも同じようなことを言っていた。でも、チーム一体になり、具体的な数値目標を追うのはいいことではないのか。どのあたりが恐ろしいのか、祐介にはさっぱりわからなかった。

トオルいわく、足立はまず〝激しい飲み会〟を行い、これまでのマクドナルドだったら通らないオモシロ企画を通し、「うわーっ、話のわかるCMOが来た！」と、営業やクリエイティブの心をわしづかみにする。モチベーションがアップしたスタッフが手がけた商品は、自ずとヒットして結果が出る。面白い仕事ができると、優秀なクリエイティブが集まってくる。そのうえで、足立は成功した結果をもとに、具体的なKPIを設定していくのだ。

「人は『やりたいこと』か『やらなければならないこと』の2つしかしない、というのが足立さんの口グセなんです。ノリノリで仕事をしていたと思ったら、いつの間にか『やらなければならないこと』であるKPIに追われるようになっているという……。それに、すべての広告代理店の施策が情報共有されるので、他社がどんなことをやっているか丸わかりなんですよ。勉強になる半面、自分たちもライバル以上の企画を考えなきゃっていうプレッシャーがすごいんです」

しかも、口だけの「チーム一丸」ではない。全社の年間の売上計画を達成したあかつきには、すべての広告代理店にボーナスがつくように、広告代理店の報酬制度も変更したのだ。

ボーナスをもらうためには他の広告代理店と協力しなくてはならないので、他のクライアントでだったら話すこともないような「競合」の広告代理店たちとアイデア交換をするようになるなど、すっかり足立のペースに巻き込まれていたという。

「それに、これまではカテゴリー別に広告代理店が決まっていたんですけど、足立さんがときどき、勝手にシャッフルするんですよ！」

と、トオルが叫んだ。それはいったいどういうことなのか。

足立が詳細を教えてくれた。

「一緒に仕事をしてたら、発想が面白くて期間限定品のキャンペーンに向いている代理店とか、中長期的なプラニングが得意な代理店とか、適性が見えてくるでしょ。だから、本来は『ハンバーガー』『ハッピーセット』『スイーツ』ってカテゴリーが決まってるんだけど、それをちょっと無視して、適材適所で仕事をしてもらったんだよね」

そんな仕事のひとつが、2017年1月に行われた「マクドナルド総選挙」だ。この歴史的キャンペーンの裏では、営業とクリエイティブを別々の広告代理店が手がけるという、前代未聞のチャレンジが行われていたのである。

これまで耳にしたことがない刺激的な足立の仕事術に、祐介は驚くばかりだった。

「もう1時だから、私そろそろ帰るね。祐介さんも今度ぜひお店に来て♡」

千奈にキャバクラの名刺を渡され、祐介は我に返った。時間は遅いが、「マクドナルド総選挙」がどうなったのか、話を聞きたい。そう足立に頼み込むと、予想通り、テキーラのボトルを手にして微笑んだ。

これ以上飲むのはまずい。社会人野球部時代、先輩に飲まされたときに同僚から教えてもらった「おしぼりで口を拭くふりをして吐き出す技」を駆使するしかないだろう。そう考えながら、祐介は空のグラスを足立に差し出した。

スゴ腕マーケターの極意

その1

**同じ商品も
見せ方を変えることで
ヒットする**

その2

**SNSでバズるには
周りが3〜7割知っている情報を**

その3

**“世間ごと”と“身内ごと”にするのが
人の買う理由**

その4

話題化のカギはツッコマレビリティー
（ツッコまれる仕掛け）

その5

**ゴール達成のために重要な
数値(KPI)を見極める**

5章

拡散するアイデアはこうひねり出せ！

～ヒントはすでにあるものの中にある～

第18話
マクドナルド史上初のチャレンジ

足立が入社して2年目の2017年は、「第1回マクドナルド総選挙」で幕を開けた。

入社前から、「レギュラー品が重要だ」と考えていた足立だったが、「グランドビッグマック」や「裏メニュー」など、レギュラー品に少しだけひねりを加えた期間限定品を〝話題化〟によりヒットさせたことで、仮説は確信に変わっていた。そこで、満を持して、「マクドナルド史上初の試み」に挑戦しようとしていたのだ。

「史上初の試みって？」

黙っていると、カウンターに突っ伏して寝てしまいそうだ。祐介は必死に足立の話に集中し、質問を繰り出した。

「レギュラー品だけでキャンペーンを行うことを決断したんだ。これまでも話してきたとおり、日本マクドナルドのキャンペーンは期間限定品を売るために行われてきたものだ。だから、社内では『ハンバーガーのキャンペーンで期間限定品がひとつもないなんて、過去を掘り起こしても例がない。本当に大丈夫か？』とすごく心配されたんだよ」

「それだけ画期的なことだったんですね。アイデアはやっぱり、ＡＫＢ48の総選挙からですか？」

「そうだよ。『レギュラー品を話題化したい』っていうお題を投げたら、ハンバーガー同士をバトルロワイヤルみたいな感じで戦わせたらどうかっていう案が広告代理店からあがってきたんだ」

「で、実際に中身を考えたのは、アイデアを出した代理店じゃなくて、うちの代理店だったんです。足立さんが『〇〇がやったほうが面白そうだから』って、うちのクリエイティブを指名したとき、みんな『は⁉　正気ですか？』って度肝を抜かれてましたよ」

　トオルの話では、そんな例はそれまで見たことも聞いたこともなかったという。

「適材適所だよ。トオルのいた広告代理店は、アイデア勝負のキャンペーンでヒットを飛ばしてたから」

「そういえば、マーケティング本部内でも、そういう唐突なシャッフルしてましたよね？」

「ああ。ハンバーガーの担当者を、ハッピーセットの担当にしたこと？」

「それまでは、一度ハンバーガーの担当になったら、ずーっとそれを担当するのが普通だったじゃないですか。スイーツやハッピーセットのチームも、それぞれ覚えることがたくさんあって、チームを移るってなかなかなかったですよね」

「ハンバーガー系を〝話題化〟したノウハウを、ハッピーセットのチームに伝えてほしかったんだよね」

その他にも、ソーシャルのチームが軌道にのってきた2017年初め、担当者を一度もネットに触れたことのない社員に変更したこともあった。「デジタルとかソーシャルの専任チームがあると、そのチームだけがやればいいやという空気になりがちだから、マーケティングの全員がソーシャルやデジタルもやるんだよ、というメッセージを伝えたくて。新しいことをやるとなれば、『やらなくてはいけないこと』として取り組むからね」というのが足立の弁だ。

こうして企画が滑り出し、〝あなたの推しバーガーを、日本一に。〟というキャッチコピーのもと、「パティが倍になる」などの「公約」を宣言した12種類のレギュラーハンバーガーの中から、好きな商品に投票してもらい、優勝したバーガーは公約を実行する、という内容が固まっていった。

「最初は『12種類のバーガーを、それぞれ違う有名人が応援する』みたいに考えていたんですよね。でも、12人の有名人にお願いするほどの予算がなくて。それで、バーガーをビーフ系とそれ以外の2チームに分けて、2人の有名人の方に応援してもらうという案を出したら、足立さんにダメ出しされたんです」

祐介は、トオルの言う通り2チームに分ける案でなんの問題もないように感じた。どこがいけないのだろうか。

「だって、ＡＫＢ48の総選挙も、ファンが『オレは指原が好き』『オレはまゆゆしか応援しない』と、それぞれのメンバーを推すから盛り上がるわけでしょ？　だからバーガーそれぞれを応援するっていう基本から逸脱してしまうと、面白さが半減するよね」

「出た、原理主義者！」

トオルが茶化すが、言われてみれば足立の言うこともっともだと祐介は思った。しかし、予算は限られているわけで、どう解決したのだろう。祐介はケンに尋ねてみた。

「結局、2チームに分かれて2人の有名人の方に応援してもらう形式はそのまま残して、バーガー12種類の応援動画を作ることにしたんです。クリエイティブチームの人たち、めっちゃ大変そうでした」

「でも、動画再生は370万回を記録したし、最終週の売上は当初予測の6倍以上になったじゃない。動画はその他にも本当にたくさん作ってもらったよね。Twitterに短くした動画を張りつけて拡散したり、ユーチューブの動画が始まる前の広告枠を使って宣伝したり。この総選挙のときから、動画を本格的に使うようになったけど、拡散力がすごかった」

と足立が笑いながら言う。

「そうですね、考えてみればいろいろ広告賞もいただきましたし。あと、総選挙の結果はプレスリリースとTwitterでしか告知していないのに、ニュースが広く拡散されましたよね」

「『ポケモンGO』のとき、広告を一切打っていないのに、PRとSNSだけで短期間にこれだけの認知度が獲得できるんだって驚きがあって。それで総選挙でも試してみたんだけど、効果があったね」

「『ダブルチーズバーガー』が優勝したのは予想外でしたけど」

「『ビッグマック』が優勝すると思い込んでたから、焦ったよ。「優勝したビッグマックが帰ってきた」みたいなキャンペーンを、その年の4月頃にやろうと考えてたから」

話を聞いていると、「第1回マクドナルド総選挙」は、足立にとってこれまでの集大成であったのだと祐介は思った。「レギュラー品も話題化すれば売れる」「消費者参加型企画は売上に結び付く」「意見が割れる『対立構造』がある商品やキャンペーンは〝話題化〟しやすい」など、着々と検証してきたことが生かされていたからだ。

「まだまだあるよ。写真に撮ってアップしたくなるようなパッケージに変えたり、製品やキャンペーンのネーミングも短くして、SNSやLINEニュース、ヤフーニュースで取り上げてもらいやすくなるようにしたり」

「短く?」

「LINEニュース、ヤフーニュースって見出しが13字以内なんだよ。ここで取り上げられると、すごく認知度が上がるから、2016年の春くらいからは、見出しに載るよう常に狙ってたよ。『マクドナルド総選挙』も9字でしょ？」

「ほんとだ……」

「最初のうちは広告代理店も、テレビCMを考えて、予算や時間の余裕があったらソーシャルもって感じが普通だったんだよね。WebとCMは別々の人が考えるのが一般的だったし。でも、キャンペーンのコミュニケーションを広告以外にも広げていく方向に転換して、PR→SNS→広告というキャンペーンのときの順番で、同じクリエイティブに一気通貫で提案してもらうようにしたんだ。プレスリリースに出すニュースのキャッチもプロのクリエイティブが考えてるわけだから、それは取り上げられる確率も高まるよね」


あとひとつ、祐介が気になったのは総選挙の「公約」だ。優勝した「ダブルチーズバーガー」は、無料でダブルがトリプルになるという公約を宣言していた。値段は同じでパティとチーズが1枚ずつ増えるということは、実質的な値引きと同じなのではないか。確か足立は、「ディスカウントはブランド資産を減らす活動」だと言っていたが……。

「ディスカウントを『公約』にしなかったことがポイントなんだ。『値上げ、値下げを話題にしない』『一斉に値上げしない』『値上げと値下げを同時に行う』のが、バリュー（お得感）を損なわず、売上と収益を確保するコツ。総選挙のときも、公約を実行すればもちろんコストは余計にかかるけれど、みんなをハッとさせるレベルのディスカウントをするよりブランド資産を損なうことがないし、売上も利益もいいいんだ」

総選挙に続いて行われた2017年2月の「チキンタツタ」「チキンタルタ」のキャンペーンも、価格について同じ戦略がとられた。「チキンタルタ」はタルタルソースが入っている分、「チキンタツタ」よりコストアップしているが、同じ価格で販売したのだ。

「『チキンタツタ』は固定ファンがいるんだけど、ビーフ系バーガーに比べると売上が今ひとつの商品だったんだ。だから、名作『チキンタツタ』に、新作

『チキンタルタ』という強力なライバル登場、と〝話題化〟したわけ」

「これも『対立構造』ですね」


こうやって、他の商品やキャンペーンに応用していくのか。祐介はなんとなくマーケティングの考え方がわかってきたような気がした。

「そうそう、マルちゃんの『赤いきつね』と『緑のたぬき』みたいな感じ。だから、『チキンタルタ』は〝話題化〟のためだけに作った商品なんだ。ライバルなんだから、価格差があったら意味がない。だからコストアップしているけれど、それを〝話題化〟して売ることで十分カバーできるんだ」

「そういえば、『グラコロ』とか、期間限定品だけど毎年発売されているものもありましたよね」

「春の『てりたま』、秋の『月見』、冬の『グラコロ』と、3つくらいは毎年発売してたね。でも、他の9カ月はバクチになってしまうから、経営が安定しない。毎年、この季節になるとこれが食べられる、という期間限定品が定番化すれば、それも売上が読めるレギュラー品になるでしょ？　だから、『チキンタツタ』『ロコモコ』『裏メニュー』を『定番化』して、毎年おなじみの定番を6つまでに増やしたんだ。他にも、春や秋の『怪盗ナゲッツ』や、初夏の「マックシェイク　カルピス」、夏の『ももシェイク』、秋の『シナモンメルツ』、初冬の『三角チョコパイ』なんかも、季節の定番になりつつあるかな？　もっと増えていくといいんだけどね」

第19話　奇をてらえばいいってものじゃない

「成功した商品やアイデアを、いろいろアレンジしていくことが、ヒット商品を出し続けるコツなんでしょうか」

祐介は足立に自分の考えをぶつけてみた。

「奇抜なことって当たり外れが大きいから、できるだけ成功した商品やアイデアを同じ系統の商品に『横展開』させたり、別のカテゴリーの商品に『縦展開』させたりしていくんだ。それをベースに、目新しいチャレンジも挟み込んでいく。そのバランスを調整するのが、リーダーの務めかな」

たとえば、２０１６年に成功した「ポケモンＧＯ」は、商品に絡まないアライアンスの一例だが、２０１７年はサイゲーム（Ｃｙｇａｍｅｓ）の「グランブルーファンタジー」やＤｅＮＡの「逆転オセロニア」といったゲームとのコラボという形で「横展開」されている。また、ゲーム以外のＮＴＴドコモの「ｄポイント」、楽天の「楽天スーパーポイント」などとも提携するなど、「縦展開」も行った。いずれも売上への貢献度が大きいのだ。

「時間帯もそう。マクドナルドってランチタイムが圧倒的に売上も客数も多くて、社内でも一番重視されている時間帯だったんだ。社内では、朝からハンバーガーなんて食べないし、夜ご飯としては物足りないでしょって思い込みがあって。スナックタイムも低価格の商品が多いから売上に貢献しないと思われていたんだ。でも、朝と夜はビジネスマン、夕方は学生や主婦の需要があるんだから、放置しておくのはもったいないよね」

そこで足立は、ガッツリ系の期間限定品を「朝マック」で展開したり、夜は100円追加すればパティが倍になる「夜マック」をスタートさせたりといった施策に取り組んだ。

スナックタイムも、人気だった冬の期間限定品「三角チョコパイ」の販売期間をそれまでの1カ月ではなく、半年に延長。さらに、ホワイトチョコ入りの商品も追加し、「白」と「黒」のライバル対決で話題を呼んだ。

「2017年から2018年にかけては、2016年の成功や失敗から学んだこともあって、ほぼ負け知らずだったんだよ」

とはいえ、定番商品をいくら〝話題化〟できても、それにみんなが慣れてしまったら新鮮味がなくなって、売上は元通りになってしまうはずだ。祐介は考え込んでしまった。

「だからこそ、レギュラー品を売る常套手段があるんだ」

やっぱり方法はあるのだ。足立には不可能などないらしい。

「いやいや、別にこれは僕のオリジナルでもなんでもなくて、マーケティングの基本なんだよ。手段は全部で3つあって、1つめはラインエクステンションを出すこと。シャンプーでいえば最初は1種類だけだったけど、しっとりタイプ、さらさらタイプの2種類を出すとか」

「あ、さっきの『チキンタツタ』と『チキンタルタ』ですね」

「意外に考え方としては単純でしょ？　新しいことをやろうとしすぎず、シンプルに考えればいいんだ。

2つめは、商品自体をリニューアルすること。毎年2月の定番になっている『グラコロ』も、2017年は2種類出したんだよ。味をリニューアルした『超グラコロ』と、新しいデミグラ味の『熟グラコロ』」

「ということは……リニューアルとラインエクステンションの合わせ技ですか！」

「そうそう。3つめは、商品に紐づかないキャンペーンそのものを〝話題化〟することと。カップヌードルの日清食品なんかが得意としている手法だよ。ただ、これは売上に結び付かない可能性もあるから賭けだけど。だからマクドナルドは〝話題化〟を前提にして、ラインエクステンションとリニューアルを活用しているんだよ」

他にも、すでに世間に広まっているコト（話題）をすくいあげて、〝話題化〟することもできると足立は言う。その好例が、2017年8月に行われた、〝マクドナルドの愛称は「マック」なのか、「マクド」なのか〟を投票で決めるというユニークなキャンペーンだ。

「もちろん、2つの呼び方があるってみんなが知ってたわけだけど、マクドナルドは公にそれについて触れたことがなかったんだ。だから、この案を見たとき、これは面白い、話題になると思ったよ」

確かに祐介もマックVSマクド論争は知っていたが、それをキャンペーンで使うなんて、考えつきそうで考えつかないことではないか。

「トオルさん、これってどうやって思いついたのか知ってますか？」

少しでも発想のヒントを知りたくて、祐介は尋ねてみた。

「確か、夏に発売されるから、『夏ってどういう季節だっけ？』『お盆か』『田舎に帰省するよね』『高校野球を観たり』って話していくうちに、『総選挙みたいに、各県が推すハンバーガーみたいにする？』『全国だとややこしいね』『だったら、東京VS大阪は？』みたいな感じで、出てきたアイデアだったような……」

「連想ゲームみたいですね」

「本当は圧倒的に『マック』の地域が多いのに、投票の結果は僅差で『マクド』の勝ちだったんです。公式サイトのカサノバ社長のメッセージを1週間限定で関西弁に変えたり、メニュー名も『てりやきマクドバーガー』に変えたりして、すごく話題になりましたよね」

「僕は、2017年10月に出した『ベーコンポテトパイ』が印象深いな。『ヘーホンホヘホハイ』に名前を変えただけなのに、前年の2・5倍も売れたからね」

足立が言う「ベーコンポテトパイ」は、2016年にヒットしたサイドメニューだった。2017年にはサイドメニューのラインナップが少なく、しかたなく売上が読める昨年のヒット商品を引っ張り出してきたという。

「2年連続で同じ商品を出すと、やっぱりアイデア勝負になるよね。話題化できなければ、前年より売れないに決まってるから。『前年の2・5倍売れるアイデアを出して』って口では言ってたけど、まさか本当に出てくるとは思わなかった。代理店のCDも、自信たっぷりに『どうですか！』って感じでこの案を出してきたからね。もちろん即決だったよ」

「これ、ボクのいた代理店のコピーライターの案なんですけど、面白さと美味しさを両立させるにはどうしたらいいかって考えたって言ってました。以前、別の商品で企画を出したとき、足立さんに『面白いけど、美味しそうじゃない』ってダメ出しされたらしくて。それで、アツアツの美味しいものを食べるとき、うまくしゃべれなくて、『ホィヒイ』となることを思い出し、それを表現するネーミングにしたらしいですよ」

「『ヘーホンホヘホハイ』って全部ハ行で、パンチ力あるもんね」

「ただ、打ち合わせのときはネーミングを変えるっていう話はひと言も出ていなかったし、いくらなんでもふざけすぎだろうって、これが採用されるとは思ってなかったみたいです。レシートに印字される名前も『ヘーホンホヘホハイ』に変更して、それがSNSでずいぶんアップされてましたよね」

「パッケージも面白かったよね。『ヘーホンホヘホハイ』と印字されていて、パッケージを2つつなげると、ハフハフしながら食べていることをイメージできるデザインになってたから」

第20話
ピンチをチャンスに変えてしまえ

チームがノリノリで取り組んだ施策とあって、足立とトオルはじつに楽しそうに話している。

「あ……でも、ピンチもずいぶんありましたよ」

トオルがなにかを思い出したようだ。

「ほら、『ヤッキー』ですよ」

「ああ……あれね。統一感がなかったのが失敗のモトだったよね」

ヤッキーとは、2017年2月に出した「しょうが焼きバーガー」の愛称だ。

CMは、定食屋でしょうが焼き定食を食べようと思ったら、しょうが焼きバーガーが出てくるという内容だった。一方、みんなで面白がって作ったショートムービーは、宇宙船が惑星（実はしょうが焼きバーガー）に突っ込むというもの。さらに、ムービーを上演した商品のプレス発表会のゲストは、定食とも宇宙船ともまったく関係のないレスリング選手になってしまった。

「ショートムービーは、座席が動いたり匂いが出たりする4ＤＸシアターで公開したから、宇宙船がしょうが焼きのタレに突っ込むときに、シューッて匂いが出る仕掛けまでしたのに……。残念です」

「面白さに引きずられるとこうなるんだよ！　だから原理主義者といわれても、最初の企画の核となる部分に立ち戻るよう、ついつい口うるさくなっちゃうんだよね」

2人には申し訳ないが、失敗の話はやはり面白い。祐介は、他にも失敗談はないのか聞いてみた。

「話せる範囲のやつだったら、『オー・ソレ・ミオ』ですかね？」

トオルが足立に確認する。

「え？　あれは別に失敗でもなんでもないよ。むしろ成功じゃない？」

「いや、『やらかした』ってクリエイティブは青ざめてましたよ」

これは、2018年3月に発売した、ポテトにチーズボロネーゼソースをかけて食べる『カケテミーヨ チーズボロネーゼ』のときの話だ。CM制作中に、スタッフがオンエアされているモスバーガーのCMを見て「同じナポリ民謡の『オー・ソレ・ミオ』を使ってる！ 楽曲カブりだ！」と気づいたという。

「それで慌てて足立さんに報告したら、『偶然なんだよね？ だったらなにが問題なの？ モスバーガーさんに連絡して、すごい偶然だから一緒に面白いことをやりましょうよって言えばいいじゃん』って」

「実際、お互いにTwitterで呼びかけあって盛り上がったでしょ」

普通に考えたら、曲の差し替えになるわ、撮り直しになるわで大パニックになるところだろう。足立とトオルのやりとりを見ていると、緊張感がありながらも楽しく仕事をしていたんだろうなということがよくわかる。野球でも、強いチームは雰囲気が明るくコミュニケーションが活発だからだ。納得した祐介を、睡魔が襲ってきた。そろそろ限界だろうか。


「でもさ、祐介さん」

足立がなにか話し始めた。祐介は最後の気力を振り絞って耳を傾ける。

「マーケティングっていっても、やっていることはシンプルでしょ？　仮説を立てて、それを検証していくために、面白いアイデアが出てくる雰囲気を作って、アイデアや情報を共有できる仕組みを整え、ちゃんと数値目標を設定する。あとは、成功したものを『縦展開』『横展開』する、ラインエクステンションとリニューアルで〝話題化〟する。これを押さえておけば、永続的に勝ち続ける組織になるんだよ」

確かに足立のやっていることはシンプルだった。だが、往々にして企業は「予算がない」とか「そのアイデアを実現するにはこれが足りない」と言い訳をしたり、逃げに走ったりしてしまう。実行したいアイデアを決めたら、そこから逃げずに考え抜けば、多少の失敗はあっても勝率は上がっていく。

よし、まずは親父にしっかり話を聞こう。マサル兄ちゃんやシノブはもちろん、ヒロや商店街の仲間、会社の同僚や先輩にもヒアリングしていこう。じゃあ、トイレに行ってそろそろ帰るとするか。

そう思って立ち上がった祐介だったが、視界がくにゃりと歪む。目の前がストンと真っ暗になった。

スゴ腕マーケターの極意

その1

**お金をかけず、
PRとSNSで短期間に
認知度を上げろ**

その2

ネーミングは短く、わかりやすく

その3

**売上と収益を確保するコツは
“値上げと値下げを同時に行う”**

その4

**商品同志を競わせろ!
ライバル登場(対立構造)が話題化する**

その5

**成功したアイディアを
「横展開」、「縦展開」するのがヒットを続けるコツ**

エピローグ

「……起きてください、三代目。風邪ひきますよ」

マサル兄ちゃんの声がする。祐介は、一瞬自分がどこにいるのかわからなかった。顔を上げると、『キャロット』のキッチンが視界に飛び込んでくる。どうやら、店のカウンターに突っ伏して眠り込んでいたらしい。

どうやってここまで帰ってきたのだろう。懸命に昨夜のことを思い出そうとしたが、トイレに行こうと立ち上がったところまでの記憶しかない。すべて夢だったのだろうか。

いや、足立から聞いたマクドナルドのV字回復やマーケティングの基本については、はっきり覚えている。あんなに長時間話を聞かせてもらったのに、お礼のひとつも言えなかった……。『夜光虫』で会計はしただろうか。祐介は気になってポケットをまさぐり財布を探した。カサッ、と紙のようなものが指に触れる。取り出すと、なにか書いてある。

マーケティングに「これをやればうまくいく」という定石はない。

どうすればうまくいくかは、自分で日々模索していくしかないのだ。

「マサル兄ちゃん、『キャロット』のメニューについて話を聞きたいんだけど」

祐介は、さっそく〝日々模索〟への第一歩を踏み出した。

あとがき

記録的な暑さの2018年夏。

赤坂のとあるタワーマンションで行われていたパーティーに飛び入り参加したのが、本書が生まれるきっかけでした。

私は当時、すでに日本マクドナルドを退職し、六本木のバーの仕事をしながら、新しい出会いと勉強のためにいろんな催し物に積極的に顔を出すようにしていました。

じつはその日は、夜の7時より赤坂の韓国料理屋での「Twitterを使いこなすマーケッターの会（仮称）」に参加する予定になっていたのですが、同じ赤坂で5時過ぎからパーティーがあると聞きつけて、最初の1時間だけ飛び入り参加しました。

そこで、いろんな方とお会いする中で、偶然ＷＡＶＥ出版の佐藤友香さんと名刺交換をする機会を得ました。

そのときは「面白い本とか出せたらいいですよねー」という社交辞令に近い軽いノリで話は終わったのですが、これが縁あって再度「夜光虫」で佐藤さんと再会し、ブックライターの伊藤彩子さんとも出会うことに。

「マーケティングってなんか難しいので、マクドナルドの再建を題材に、自分でビジネスをやっているような方とか学生さんにも、マーケティングのポイントがわかるような本ができませんかねぇ」

「どうせなら六本木のバーもやってる、という特徴を最大限に生かして、とっつきやすい本に！」

という話をしたのが9月。

当時私は「圧倒的な成果を生み出す『劇薬』の仕事術」(ダイヤモンド社)という本を完成させつつあったのですが、そちらはきちんとしたビジネス本という仕様だったので、どうせなら私らしい(笑)、もう少し「とっつきやすい」「軽め」の本を出したいと考えていたこともあり、そこからトントン拍子に話が進み、思いがけず実現してしまいました。

こういう「偶然の出会い」が、いつのまにか面白いことにつながっていくので、いろんな方とお会いするのは楽しいんですよね。

本書は、マクドナルドの再建を題材にしていますが、マーケティングの基本的な考え方を中心に描いています。

実際、マクドナルドのような大きな企業でも、私が行っていたのは、マーケティングの基本を粛々と仮説の検証をしながら進めていく、ということでした。

また、小説仕立てなので、若干のフィクション・脚色が含まれていますが、描かれているのは「ほぼ事実」です。

ぜひ、どこまでが事実なのかも含めて、お楽しみいただければと思います。

最後になりましたが、本書の制作にあたっては、WAVE出版の佐藤友香さん、そして執筆協力を頂いたブックライターの伊藤彩子さんに、大変にお世話になりました。

また、本の内容に臨場感・現場感を加えるために、取材に応じていただいた、マクドナルド時代の同僚や、広告代理店の皆さまにも、この場をお借りして、感謝申し上げます。

この本を読んでくださった方々が、マーケティングって、商売って、面白いものだなと感じたり、少しでも興味を持ってくだされば幸いです。

2019年2月　足立光

執筆協力――伊藤彩子
本文デザイン・装丁――ＩＳＳＨＩＫＩ（デジカル）
校正――有限会社めい
編集協力――古徳一暁
編集――佐藤友香（ＷＡＶＥ出版）

【著者】
足立 光（あだち ひかる）

Bar夜光虫店長・元 日本マクドナルド マーケティング本部長／上席執行役員。1968年、米国テキサス州生まれ。一橋大学商学部を卒業後、P&Gジャパン㈱マーケティング部に入社し、日本人初の韓国赴任を経験。戦略コンサルティングファームのブーズ・アレン・ハミルトン㈱、および㈱ローランドベルガーを経て、2005年にドイツのヘンケルグループに属するシュワルツコフヘンケル㈱の社長に就任。赤字続きだった業績を急速に回復した実績が評価され、2007年よりヘンケルジャパン㈱取締役 シュワルツコフプロフェッショナル事業本部長を兼務し、2011年からはヘンケルのコスメティック事業の北東・東南アジア全体を統括。㈱ワールド 執行役員 国際本部長を経て、2015年から日本マクドナルドにてマーケティング本部長としてV字回復を牽引し、2018年6月に退任。その後、アジア・パシフィック プロダクトマーケティング シニア・ディレクターとして、㈱ナイアンティックに参画。(株)ローランド・ベルガーのエグゼクティブ・アドバイザー、スマートニュース（株）のマーケティング・アドバイザーも兼任。2016年「Web人賞」受賞。共訳書に『マーケティング・ゲーム』『P&Gウェイ』（ともに東洋経済新報社）等。オンラインサロン「無双塾」主催。

「300億円赤字」だったマックを
六本木のバーの店長がV字回復させた秘密

2019年2月9日　第1版　第1刷発行

著者　足立光
発行所　WAVE出版
〒102-0074　東京都千代田区九段南3-9-12
TEL 03-3261-3713　FAX03-3261-3823
振替 00100-7-366376
E-mail:info@wave-publishers.co.jp
http://www.wave-publishers.co.jp

印刷・製本　中央精版印刷株式会社

NDC336　200P　19cm　ISBN978-4-86621-199-2